Thaís Rufatto dos Santos

Iniciação à vida cristã

Eucaristia • Catequese inclusiva

Dados Internacionais de Catalogação na Publicação (CIP)
(Câmara Brasileira do Livro, SP, Brasil)

Santos, Thaís Rufatto dos
Iniciação à vida cristã : eucaristia : catequese inclusiva / Thaís Rufatto dos Santos. – São Paulo : Paulinas, 2018. – (Coleção água e espírito)

Bibliografia.
ISBN 978-85-356-4444-9

1. Catequese - Igreja Católica 2. Catequistas 3. Educação religiosa de deficientes 4. Eucaristia 5. Igreja - Trabalho com pessoas com deficiência 6. Pessoas com deficiência - Vida religiosa I. Título. II. Série.

18-18578 CDD-268.4

Índice para catálogo sistemático:

1. Eucaristia : Iniciação : Catequese junto à pessoa com deficiência : Cristianismo 268.4

Cibele Maria Dias - Bibliotecária - CRB-8/9427

1ª edição – 2018
1ª reimpressão – 2020

Direção-geral: *Flávia Reginatto*
Editores responsáveis: *Vera Ivanise Bombonatto e Antonio Francisco Lelo*
Preparação de texto: *Ana Cecilia Mari*
Copidesque: *Mônica Elaine G. S. da Costa*
Coordenação de revisão: *Marina Mendonça*
Revisão: *Sandra Sinzato*
Gerente de produção: *Felício Calegaro Neto*
Editoração eletrônica: *Jéssica Diniz Souza*
Ilustração de capa: *Gustavo Montebello*

Paulinas
Rua Dona Inácia Uchoa, 62
04110-020 – São Paulo – SP (Brasil)
Tel.: (11) 2125-3500
http://www.paulinas.com.br – editora@paulinas.com.br
Telemarketing e SAC: 0800-7010081

Com muito carinho, para minha mãe Cleide Rufatto dos Santos,
minha primeira catequista dentro de casa e também na comunidade.
Com ela aprendi a rezar, a ir à missa aos domingos e a ser cristã.

As crianças e os jovens deficientes físicos ou mentais têm direito, como quaisquer outros da sua idade, a conhecer o "mistério da fé". As dificuldades que eles encontram, por serem maiores, tornam também mais meritórios os seus esforços e os dos seus educadores. Os organismos católicos, que se dedicam especialmente aos jovens deficientes [...] merecem ser vivamente encorajados.

(João Paulo II, Catequese hoje, n. 41)

Sumário

Parte III
Encontros adaptados

Apresentação

A autora Thaís Rufatto dos Santos impressiona pelo amor que dedica às crianças e aos jovens com algum tipo de deficiência. Essa dedicação tornou-se a missão de sua vida, razão de estar neste mundo e de tudo aquilo que possa motivar o coração de uma mulher com sentimentos de mãe. Por isso, quando ela anima catequistas a aceitarem a criança com deficiência em seu grupo, ou seja, a serem inclusivos em sua catequese, o faz de maneira natural e convincente.

Atualmente, seu trabalho profissional como psicopedagoga está cem por cento direcionado à orientação dos pais e ao atendimento individual de crianças e jovens com deficiência. Por isso, merece toda admiração por seu empenho e competência.

Este livro pretende ampliar as possibilidades do itinerário catequético de *Iniciação à vida cristã: Eucaristia* do Nucap. Caminha lado a lado com ele. É um trabalho inovador que quer subsidiar e encorajar o catequista nessa missão. Pouco a pouco, a sociedade vem descartando antigos preconceitos e se enriquecendo com a participação de todos na vida comum. Que esta obra contribua para a chegada desse dia!

Pe. Antonio Francisco Lelo

Introdução

A catequese, de acordo com as palavras do Papa São João Paulo II, "é uma educação da fé das crianças, dos jovens e dos adultos, a qual compreende especialmente um ensino da doutrina cristã, dado em geral de maneira orgânica e sistemática, com fim de iniciá-los na plenitude da vida cristã".[1]

A exemplo de João Batista, o catequista é chamado a anunciar Jesus como o Messias esperado, o Cristo, sendo sua tarefa convidar o catequizando a fixar o olhar Nele e segui-Lo. "Como o Precursor, o catequista não deve exaltar a si próprio, mas a Cristo. Tudo deve ser orientado para Ele: para a sua vinda, presença e mistério."[2] O Santo Papa João Paulo II deixa para você, catequista, a seguinte mensagem: "Queridos catequistas e professores de religião, o vosso trabalho é necessário como nunca e requer, da vossa parte, uma constante fidelidade a Cristo e à Igreja".[3]

"Não fostes vós que me escolhestes; fui eu que vos escolhi e vos designei, para dardes fruto e para que o vosso fruto permaneça" (Jo 15,16a). Foi Jesus quem escolheu os discípulos, os conservou consigo e os constituiu, antes da sua Páscoa, para que produzissem fruto e este fruto fosse duradouro. Após a sua ressurreição, ele lhes confiou a missão de ir fazer discípulos em todas as nações. Somos nós, catequistas, os discípulos e missionários de Jesus nos dias de hoje, que devemos produzir esse "fruto" e anunciar o Evangelho a todos os nossos catequizandos, junto com nosso testemunho.

---

[1] Cf. *Jubileu dos Catequistas*. Homilia do Papa João Paulo II, 10 de dezembro de 2000. Disponível em: <http://www.vatican.va/holy_father/john_paul_ii/homilies/2000/documents/hf_jp-ii_hom_20001210_jubilcatechists_po.html>. Acesso em: 13/08/14.

[2] Cf. ibidem, n. 1.

[3] Cf. ibidem, n. 1.

Quando vamos anunciar Cristo, é ele mesmo quem vai à frente e nos guia. Ao enviar seus discípulos em missão, prometeu: "Eis que estou convosco todos os dias" (Mt 28,20). E isso é verdade também para cada um de nós, porque Jesus nunca deixa ninguém sozinho, sempre nos acompanha.[4]

Caro catequista, seu medo de enfrentar este desafio não se diferencia muito do de Jeremias, quando foi chamado por Deus para ser profeta: "Ah! Senhor Deus, não sei falar, sou uma criança" (Jr 1,6). Deus também diz a você: "Não tenha medo dos catequizandos com alguma deficiência, pois estou contigo para defendê-lo" (cf. Jr 1,8). Ele está todos os catequistas nesta missão inclusiva, acredite!

O anúncio do nascimento de uma criança com deficiência gera nos pais inúmeros sentimentos, como ansiedade, frustração e insegurança, relacionados ao seu futuro e a sua posterior inclusão na sociedade. A ansiedade presente no catequista, somada aos mesmos sentimentos vivenciados pelos pais, leva ao questionamento vocacional de saber por qual motivo recebeu essa criança com deficiência em seu grupo. Esse desafio vocacional e catequético pode ser enfrentado com a ajuda de Isaías 49,3a: "Tu és meu servo".

Nessa missão de evangelizar, o porta-voz de Deus é o catequista, a quem escolheu para que a sua Palavra chegue aos corações destas pessoas e de suas famílias. Cabe, então, ao catequista oferecer subsídios para que o catequizando se sinta acolhido na comunidade. "Uma criança com deficiência deve ser apoiada de forma diferente de uma criança sobredotada,[5] para que ambas vejam o seu direito respeitado."[6]

Este livro aposta na capacidade do catequista de enfrentar o novo, de ser desafiado a crescer e a ser evangelizado pela história de vida e de superação do seu novo catequizando, sem medo e

---

[4] Cf. *Palavras do Papa Francisco no Brasil*. São Paulo: Paulinas, 2013. p. 124.

[5] Aquele que é dotado de inteligência superior à média. Cf. *Minidicionário Houaiss da Língua Portuguesa*. 4. ed. Rio de Janeiro: Objetiva, 2012. Mais informações sobre "sobredotação" disponíveis em: <http://www.familiacrista.com/noticias/familia/2015-o-mundo-dos-sobredo tados.php>.

[6] Cf. *Youcat Brasil*: catecismo jovem da Igreja Católica. 1. ed. São Paulo: Paulus, 2011. 302p.

sempre adiante, com a finalidade de apresentar a catequese eucarística até à celebração frutuosa deste mistério.

De acordo com as deficiências mais frequentes na sociedade, este livro adapta os encontros do livro *Iniciação à vida cristã. Eucaristia: livro do catequista*, do Núcleo de Catequese Paulinas. O planejamento dos encontros deverá respeitar e adequar-se à individualidade deste catequizando, modificando-se apenas algumas atividades e estratégias.

Nas páginas que seguem, é importante que o catequista:

1. Leia os três capítulos da primeira parte com muita atenção.
2. Na segunda parte, pesquise diretamente o capítulo que trata da deficiência que seu catequizando apresenta.[7] Cada capítulo descreverá as características gerais de determinada deficiência, seguidas das adaptações próprias para a catequese, inclusive com a indicação de filmes específicos para o catequista conhecer de perto a realidade daquela criança.
3. Na terceira parte, que trata da adaptação dos encontros, verifique as sugestões parcialmente comuns aos vários casos e aquelas específicas a determinada deficiência.
   O catequizando com deficiência deverá utilizar o mesmo livro dos colegas o máximo possível.

---

[7] Também aprofundei as noções principais que orientam a catequese voltada a pessoas com deficiência em: SANTOS, Thaís R. dos. *Catequese inclusiva*: da acolhida na comunidade à vivência da fé. São Paulo: Paulinas, 2013.

Parte I

Catequista, família e planejamento

1. Identidade do catequista inclusivo

Vamos reportar-nos à Campanha da Fraternidade de 2006,[1] sob o tema "Fraternidade e Pessoas com Deficiência" e com o lema "Levanta-te, vem para o meio" (Mc 3,3). A Igreja faz memória da inclusão que Jesus praticou no seu tempo e convida o catequista a pôr em prática a ordem dada por ele ao homem da mão seca. Igualmente, o catequista irá trazer para o centro o catequizando com algum tipo de deficiência e saberá redimensionar os preconceitos e as observâncias da sociedade, tendo em vista a pessoa humana.

A atitude de ver a pessoa com deficiência além de sua aparência mostra que o catequista aprendeu com Jesus a amar o pobre, o aleijado, o coxo, o cadeirante e também os excluídos (cf. Mc 8,23-25; Mt 15,30-31; Lc 7,22; Jo 1,8). Vê neles a imagem de Jesus à margem de nossa sociedade. Por isso os acolhe com amor, relembrando o Evangelho segundo Mateus 25,40: "Todas as vezes que fizestes isso a um destes mais pequenos, que são meus irmãos, foi a mim que o fizestes!".

> Toda comunidade cristã considera como pessoas prediletas do Senhor aquelas que, particularmente entre as crianças, sofrem de qualquer tipo de deficiência física e mental e de outras formas de dificuldades [...]. O amor do Pai para com estes filhos mais frágeis e a contínua presença de Jesus com o seu Espírito nos dão a confiante certeza de que toda pessoa, por mais limitada que seja, é capaz de crescer em santidade.[2]

---

[1] CONFERÊNCIA NACIONAL DOS BISPOS DO BRASIL (CNBB). *Manual da Campanha da Fraternidade 2006*: fraternidade e pessoa com deficiência. São Paulo: Salesiana, 2005. Disponível em: <http://www.cnbb.org.br/index.php?option=com_docman&view=list&slug=-cf-2006&Itemid=252>. Acesso em: 22/05/2016.

[2] CONGREGAÇÃO PARA O CLERO. *Diretório Geral para a Catequese*. São Paulo: Paulinas, 2009. n. 189.

Ao testemunhar sua fé na vida cotidiana, o catequista coloca em prática o ensinamento de Jesus de anunciar o Reino de Deus e a seguir seu exemplo de acolher a todos. Por isso, sem discriminar ninguém, inicia na vida de fé da Igreja todos os seus catequizandos. É necessário deixar que a nossa vida se identifique com a vida de Jesus em nossos sentimentos, pensamentos, palavras e ações. Através da prática das mesmas posturas de Jesus, será possível termos uma vida de serviço e testemunho, e, dessa maneira, nossos catequizandos e demais pessoas que convivem conosco se sentirão motivados e impulsionados a servir a Deus na Igreja e na sociedade.

Na maioria das vezes, a precária situação dos analfabetos, dos deficientes visuais e físicos, ou daqueles com paralisia cerebral ou deficiência intelectual, bem como de todos que por algum motivo foram e ainda são rejeitados na sociedade, leva o catequista a ir ao encontro deles, que mais precisam de amor e de acolhida com dignidade. Faz-se necessário que tal acolhida tenha qualidade e uma catequese apropriada com recursos e conteúdos adaptados.

É possível fazer um paralelo entre a chegada deste catequizando com deficiência e o nascimento do Menino Jesus. Acolhê-lo no grupo torna o catequista modelo da Mãe de Jesus, que acolheu a mensagem do Anjo Gabriel sem questioná-lo e disse-lhe sim: "Eis aqui a Serva do Senhor" (Lc 1,38a).

O mundo será justo, fraterno e solidário se contribuirmos com o projeto de Deus, a exemplo de Maria, dizendo "sim" a ele, para que seus planos se realizem em nossas vidas e na vida daqueles a quem nos foi confiada a missão de evangelizar.

Este trabalho se coloca nas quatro etapas de conhecimento pessoal e de crescimento do catequista: ser, saber, saber fazer e saber conviver. Tais etapas motivarão o caminho para que a evangelização inclusiva aconteça com qualidade para *todos* os catequizandos.

Ser

O catequista traz no rosto a fisionomia de Deus. Conforme está escrito no livro de Gênesis, fomos criados "à imagem e semelhança de Deus" (cf. 1,26s). Então, com essa fisionomia, o catequista passa a enxergar o catequizando sob a ótica de Deus. Por isso, recebe da Igreja a missão de exercer sua vocação e conduzir os catequizandos a olharem o colega com algum tipo de deficiência como imagem de Jesus.

Cada cristão tem uma missão específica a desempenhar neste mundo. A formação intelectual do catequista, a maturidade cristã do testemunho de sua vida pessoal e a consciência crítica diante das situações são fatores correlacionados e determinantes para ele cumprir sua missão. Vamos acolher com amor a missão confiada por Deus e reconhecer que ele nos chamou desde o ventre materno para essa missão evangelizadora, missionária e inclusiva (cf. Jr 1,5; Mc 16,15)!

O protagonismo da fé gerado ao ouvir o chamado de Jesus "Vem e segue-me!" e de acordo com a mensagem de Jeremias 1,7: "A quem eu te enviar, irás", levam o catequista a não depender do contato frequente com o padre para seguir adiante com a evangelização inclusiva. Com a maturidade de fé e a vivência do seu Batismo saberá responder: o que fazer para seguir o chamado de Deus? Quem é e o que implica ser um catequista inclusivo?

Antes de o catequista se reunir com a equipe para estabelecer o planejamento anual da catequese, é importante, em primeiro lugar, planejar sua vida pessoal. O essencial nesse processo é acreditar em si mesmo e na sua capacidade de catequizar essas crianças. A sugestão é perguntar:

- Quem sou eu, chamado por Deus para ser catequista, antes do meu nascimento, ainda no útero de minha mãe (cf. Jr 1,5)?
- O que eu gosto de fazer na catequese?
- O que eu quero para minha vida de catequista?

A partir desta reflexão pessoal, é possível se reunir com a equipe da sua paróquia.

Saber

Na perspectiva da inclusão, o catequista se conscientizará de que não há como saber tudo, nem que é obrigado a saber exatamente como agir com uma pessoa com deficiência. O primeiro passo é aceitar e assumir a postura de que "nada sabe".

Sendo assim, é comum ele sentir medo diante da realidade a ser enfrentada em seu grupo de catequese: *trabalhar com o novo, com o diferente, com o desconhecido*. Porém, esse sentimento tem um fator positivo: o medo o levará a buscar informações a respeito das deficiências para, então, sentir-se mais preparado para conviver durante o ano com o catequizando. A bússola vocacional encontra-se no coração do catequista que se abre para conhecer as deficiências.

Essa catequese necessita de uma preparação específica. Por isso, é necessário que o catequista frequente, em sua cidade ou diocese, cursos ou palestras de preparação voltados à catequese inclusiva, seja em ONGs, em centros acadêmicos e também a distância, e busque informações em diferentes meios como *sites*, livros etc. Isto lhe possibilitará trocar experiências com outros catequistas que também vivenciam a mesma realidade. Poderá também pedir ajuda a profissionais que trabalham nas áreas da saúde e da educação dos deficientes, como psicopedagogos, fonoaudiólogos, professores, fisioterapeutas, intérpretes etc.

A formação é permanente, pois o "catequista é construído a cada dia" numa atitude de constante aprendizado. Dessa forma, com o auxílio de Jesus e da abertura sincera do seu coração, conseguirá incluir o catequizando com deficiência.

Saber fazer

A essência de todo método está no carisma do catequista, na sua sólida espiritualidade, em seu transparente testemunho de vida, no seu amor aos catequizandos e, acima disso, na sua intimidade com Deus e em sua experiência de oração.

Ele é um mediador que facilita a comunicação entre os catequizandos e o mistério de Deus, das pessoas entre si e com a comunidade. E com seu modo de ser, olhar, escutar, falar, sorrir, questionar, trabalhar, agir, perdoar, amar, fazer caridade, insere-se no método catequético, comunicando-se através da linguagem verbal e não verbal (gestos e símbolos), e produz ações criativas e dinâmicas, tornando-se caminho de construção, instrução e desconstrução.

O ato catequético pode ser comparado a uma construção. O catequista é o mestre de obras que orienta o trabalho de construção realizado pelo catequizando. Dessa forma, o planejamento dos seus encontros deverá respeitar e se adequar às individualidades dos catequizandos, modificando apenas algumas atividades e estratégias para que eles se sintam acolhidos na comunidade. A adaptação dos encontros reporta-se ao *Diretório Geral para Catequese*, que recomenda que se realizem "segundo as diversas circunstâncias em que se transmite a Palavra de Deus".[3]

De antemão, o catequista suprimirá as antigas práticas tradicionais e autoritárias, como aquela de adotar e se limitar ao uso do quadro negro para fixar os conteúdos do encontro.

Na convivência de cada encontro, o catequista aprenderá novas formas de atuação junto ao catequizando com algum tipo de deficiência. Sua atitude será a de encorajá-lo a buscar suas respostas e a acreditar em si e no seu potencial, a fim de que possa construir o conhecimento com todo o grupo.

O catequista deverá partir da realidade dos catequizandos, utilizando imagens relacionadas aos temas. Quanto mais rico em experiências concretas for o encontro e quanto maior número de figuras e imagens dispor, mais facilmente os catequizandos assimilarão o conteúdo.

---

[3] CONGREGAÇÃO PARA O CLERO. *Diretório Geral para a Catequese*, n. 170.

Haverá grande troca de experiências e aprendizados no grupo. O catequista buscará sempre interagir: ouvindo e vivenciando os conhecimentos prévios que cada um apresenta. De uma relação espontânea, autêntica e comprometida de convivência semanal, irá fluir uma comunicação de trocas que possibilitará ao catequista compreender aquilo que o catequizando vive, encontra ou descobre.

Essa evangelização tem mão dupla, já que todo o grupo é evangelizado pela história de vida do colega com deficiência, pela maneira como lida com sua realidade e pela experiência que já adquiriu com Deus.

Saber conviver com o catequizando com deficiência

O catequizando com deficiência se sentirá acolhido e frequentará assiduamente os encontros de catequese quando o seu catequista aceitar a si mesmo e não temer sua vocação diante desse desafio. De acordo com Carl Rogers, "aceitar a si mesmo é um pré-requisito para uma aceitação mais fácil e genuína dos outros".[4]

A configuração do grupo de catequese está embasada no princípio da "catequese inclusiva", que une todos os catequizandos independentemente de suas deficiências. Segregar esse catequizando é ir contra o mandamento de acolhida deixado por Jesus. E é também andar na contramão dos documentos relacionados à inclusão, como a Declaração de Salamanca, entre outros.

A evangelização remonta ao início da Igreja fundada por Jesus Cristo, que é inclusiva em seus dons e única no objetivo: levar o amor aos corações. Na primeira carta de São Paulo aos Coríntios lemos: "Há diversidade de dons, mas um só Espírito. Os ministérios são diversos, mas um só é o Senhor. Há também diversas operações, mas é o mesmo Deus que opera tudo em todos. A cada um é dada a manifestação do Espírito para proveito comum" (1 Cor 12,4-7).

---

[4] Carl Ransom Rogers (1902-1987) foi um psicólogo estadunidense atuante na "terceira força" da psicologia e desenvolvedor da Abordagem Centrada na Pessoa. Mais informações disponíveis em: <https://pt.wikipedia.org/wiki/Carl_Rogers>. Acesso em: 30/07/16.

As diferenças são as maiores riquezas que podemos possuir. Cada ser humano tem identidade própria, e é nessa diversidade que se encontra o tesouro da humanidade. Sendo assim, a essência do trabalho evangelizador inclusivo está em unir os talentos e viver a missão confiada por Deus a cada um de nós. Lembrando sempre que evangelizamos a todos.

Cabe ao catequista conduzir os demais catequizandos sem deficiência a refletirem sobre si mesmos e a entenderem que cada catequizando é diferente um do outro e que há diversas deficiências. Cada pessoa tem suas especificidades e particularidades, tem seu tempo e ritmo próprios para aprender. Cada um percebe o mundo e o conhece por perspectivas distintas.

Preparar o grupo

Um passo não menos importante é preparar o grupo para receber o catequizando com deficiência. Antes de ele chegar, os integrantes do grupo devem ser esclarecidos sobre as características do novo colega e como todos poderão ajudar-se mutuamente. É de extrema importância que o catequista crie um clima de expectativas positivas com relação às possibilidades de aprendizagem desse catequizando e uni-los desde o primeiro encontro. Ainda que as necessidades específicas de cada catequizando possam redundar em adaptações necessárias das atividades realizadas no encontro, o mais importante é torná-los cientes da diversidade e também das possibilidades de crescimento individual e coletivo em razão dessas diferenças.

É essencial orientar os catequizandos sobre a convivência com o amigo com deficiência e explicar que todos possuem diferenças entre si, as quais precisam ser respeitadas, sem discriminação. Comentar, então, sobre a cor dos olhos, dos cabelos, a estatura, o gênero etc. Citar como exemplo Jesus, que naquela época acolhia com amor cada pessoa, com deficiência ou não, e enfatizar que cada catequizando deverá ter para com o colega com deficiência as mesmas atitudes de Jesus.

Ressaltar o valor da amizade, e também da amizade com as crianças com deficiência. De modo claro, após a oração, comentar que todos somos iguais diante de Deus e que não deve existir nenhum tipo de preconceito.

Orientar como conviver bem com as pessoas envolve a compreensão de situações que sejam expressas de forma mais concreta possível. Portanto, procurar sempre apresentar exemplos, perguntar a opinião, envolver a pessoa com deficiência com o grupo, para que vivencie a mesma experiência dos demais (adequando o que for necessário), ou seja, garantir que tenha acesso às mesmas condições e que não seja excluída de algum momento por achar que não conseguirá realizar determinado movimento ou concluir o que aprendeu no encontro.

Os colegas da catequese podem contribuir para a socialização do catequizando com deficiência estimulando-o a interagir com a reflexão do encontro. Por isso, na catequese inclusiva, na maioria das vezes, não se faz necessária a presença de um catequista auxiliar.

Ao receber um catequizando com deficiência, é interessante que inicialmente o catequista conheça sua história, fazendo-lhe algumas indagações, como: "Qual seu nome? Quantos anos você tem?"; ou, em tom descontraído: "Qual time você torce?" etc.

Após ouvir as respostas, o catequista deve apresentar-se e, em seguida, informar-lhe que será seu catequista. Depois, perguntar o que quer aprender e o que sabe sobre Deus. Ao ouvir a resposta, explicar o assunto indagado.

Dinâmica da salada de frutas

De maneira lúdica, sensorial e interativa, esta dinâmica tem como objetivo apresentar aos envolvidos no processo a realidade da catequese inclusiva. Pedir que cada um traga uma fruta picada para preparar a salada de frutas.

Ingredientes: frutas variadas e açúcar.

Modo de preparo: picar as frutas e colocá-las em um pote ou em copos descartáveis. Em seguida, adicionar açúcar.

Explicar que cada fruta representa uma deficiência. O pote ou os copos simbolizam o local onde está acontecendo a inclusão; neste caso, o grupo de catequese e a paróquia. O açúcar expressa o amor que faz a inclusão acontecer. E a colher é o "querer fazer" do catequista, que, uma vez ajoelhado diante do Sacrário, apresentará esta realidade para Jesus, a fim de que a inclusão com qualidade aconteça na catequese.

Motivado após a dinâmica da salada de frutas, o catequista dá início aos encontros de catequese inclusiva com o seu grupo.

2. Relação com a família

Os cuidados que a família necessita ter com a chegada de um filho com deficiência não se diferenciam dos cuidados destinados a outras crianças no que se refere ao amor incondicional, à acolhida e a acreditar no seu potencial. Deverá ser tratado com naturalidade, respeito e carinho. A família é a primeira "sociedade" a incluir a criança; os estímulos nos primeiros anos de vida e a permanente educação que receberá darão condições para se desenvolver como as demais crianças. A família exerce um papel vital porque, através dela, a criança se sentirá segura no seu desenvolvimento e aprendizagem.

A família, quando se interessa e se dedica a estimular a criança com deficiência, lhe possibilitará desenvolver suas habilidades de acordo com o seu tempo e seu ritmo próprios. Contrariamente, se a família se omitir, a criança regredirá e com o passar do tempo se tornará resistente a novas aprendizagens.

Em união com a família, você, catequista, favorecerá bastante que essa criança se sinta segura e acolhida na catequese e na paróquia. No caminho para alcançar a autonomia, vale o recado de um deficiente visual:

> Catequistas, orientem, por favor, as famílias dos catequizandos para que evitem "paparicar" os filhos com deficiência. Eles não são os "bibelôs" da casa, são seres humanos que merecem respeito e valorização. Na maioria das vezes, a derrota e a exclusão dos deficientes são resultado do excesso de proteção que tiveram dos pais na infância, tornando-os "coitadinhos, doentes e indefesos" diante da sociedade. A família deve dar apoio, encaminhá-los para a escola, lutar pela sua inclusão. E orientar o deficiente para a vida, para ser incluído na sociedade. E no futuro sobreviver sem os pais.

Sempre trabalhe em conjunto com a família dos seus catequizandos, tenham eles deficiência ou não. Juntos, pais e catequistas encontrarão o melhor caminho de comunicação para o processo de evangelização, até chegar à profissão de fé.

Em caso de suspeita de deficiência ou dificuldade de assimilação de conteúdos de algum catequizando, essa parceria de comunhão conduzirá a um diálogo objetivo. Caberá ao catequista orientar os pais a buscar ajuda profissional para solucionar ou até mesmo minimizar situações vivenciadas nos encontros, quanto a algum tipo de dificuldade na assimilação de conteúdo ou a aparente suspeita de algum tipo de deficiência.

É através da relação concreta entre o catequista com os profissionais envolvidos e também com a família que se localizam os elementos que possibilitam as ações evangelizadoras mais acertadas.

Inserção na paróquia

Para conduzir com qualidade a inserção da criança com deficiência na comunidade paroquial, torna-se necessário percorrer alguns passos.

1º A família deve buscar a paróquia para acolher a criança na catequese.

2º Ao inscrever a criança na catequese, a família deve dizer, sem medo, o nome da deficiência. Em poucas palavras, relatar quais ambientes sociais o filho frequenta, por exemplo, casa de familiares, lugares públicos. E se está matriculado na escola, qual o período que estuda, há quanto tempo frequenta a instituição e como ocorreu sua inclusão.

Conforme a possibilidade do catequista, é altamente recomendável que, posteriormente, ele se dirija à escola para conversar com o professor responsável pelo aluno com deficiência e conhecer de perto sua vida estudantil.

3º O catequista deverá convocar os pais ou o responsável pela criança para que esclareçam as dificuldades dela e sua realidade, como, por exemplo, detalhes de seu comportamento, de seus costumes e o que mais gosta de fazer em casa, além de informações importantes como se é filha única e que tipo de tratamento recebe em casa, ou seja, se é mimada ou tratada ainda como "bebê" pela família e se em casa lhe são feitas todas as vontades. Caso as respostas sejam afirmativas, cabe ao catequista orientar que esta criança será tratada como as demais, como se não tivesse nenhuma deficiência e que se evite chamá-la de "bebê". Este substantivo cria bloqueios para o catequizando assimilar os conteúdos.

4º O catequista incentivará a família a rezar em casa junto com o catequizando e a motivá-lo a frequentar os encontros. É de suma importância que os catequizandos participem junto com os seus familiares das missas dominicais e da vida litúrgica paroquial, para viverem uma completa experiência de fé.

A união do catequista com a família quer evitar a evasão do catequizando com deficiência durante o ano, ajudá-lo a se sentir seguro, acolhido e motivado no grupo, e também incentivar a família a tirá-lo das "paredes" da residência e conduzi-lo à igreja.

A família, ao ser orientada e encorajada pelo catequista a colaborar e a participar do itinerário catequético, promoverá uma interação maior com o catequizando. Sendo assim, é essencial o catequista organizar encontros regulares com as famílias, tratando dos temas do livro do catequizando e da metodologia que deverão utilizar em casa, bem como do desenvolvimento e aproveitamento de cada um nos encontros. É indispensável que a formação dos pais seja continuada durante o período da catequese.

Em casa, é importante a família retomar e perguntar o que foi tratado no encontro e incentivar a prática de tudo aquilo que foi vivenciado na catequese, posicionando-se também como catequista. Como, por exemplo, assistir também ao filme exibido no encontro, para ter a oportunidade de conversar com o filho sobre os detalhes de cada cena e de refletir sobre ele.

Para que os pais conheçam o Evangelho e possam cumprir a tarefa de educadores da fé de seus filhos, muito colaborará o *livro da família*[5] deste itinerário catequético.

A família saberá o que o catequizando assimilou com proveito no conteúdo da catequese quando, paulatinamente, ele mudar de comportamento e de atitude, de acordo com cada deficiência; por exemplo, o catequizando com paralisia cerebral severa, no dia do encontro de catequese, sairá de casa sorrindo e voltará para casa feliz.

---

[5] NUCAP. *Iniciação à vida cristã. Eucaristia*: livro da família. 8. ed. São Paulo: Paulinas, 2013.

3. Planejar os encontros

O catequista desempenha importante papel na criação de mecanismos pedagógicos adaptados para que o processo de evangelização aconteça na vida do catequizando com deficiência. A metodologia segue a linha construtivista, ou seja, parte da realidade dos catequizandos e de seus conhecimentos prévios para proporcionar trocas de experiências de fé. O ato de evangelizar está permeado de intencionalidades, uma vez que o catequista se preocupa com a formação humana e cristã da pessoa com deficiência e quer conduzi-la a experienciar os conhecimentos refletidos no encontro com os catequizandos.

Há sempre o objetivo de transformar a vida das pessoas a partir do testemunho do catequista; dessa forma, o catequizando vai reproduzir o exemplo de fé e de vida cristã que partilhou na catequese. Portanto, é indispensável que o catequista participe do seu grupo de catequistas e caminhe unido com a diocese da qual a paróquia faz parte. Essa atitude traz crescimento para sua vida como agente de pastoral.

Segundo o *Minidicionário Houaiss*,[1] "planejar" é elaborar um plano, organizar um roteiro. Nesse sentido, o *planejamento* dos encontros deverá respeitar e se adequar à individualidade do catequizando com deficiência, de acordo com sua limitação de comunicação, e isso abrange adaptar os temas e os conteúdos, modificando algumas atividades e estratégias.

O planejamento catequético inclusivo, supervisionado pelo pároco, deve considerar também os calendários diocesano e paroquial, identificando as mudanças que deverão ocorrer naquele ano. As festas litúrgicas deverão predominar no planejamento. De acordo

---

1 MINIDICIONÁRIO HOUAISS. *Dicionário da Língua Portuguesa*. 4. ed. Rio de Janeiro, 2012.

com o *Diretório Nacional de Catequese*, n. 236: "Para frutificar, a catequese necessita de organização, planejamento e recursos".

Com a finalidade de apresentar a catequese eucarística até à celebração frutuosa deste mistério, este livro adapta, de acordo com as deficiências mais frequentes, os encontros da catequese do texto *Iniciação à vida cristã. Eucaristia: livro do catequista*, do Núcleo de Catequese Paulinas.

Avaliação

Com o objetivo de melhorar o processo de evangelização da paróquia, sugerimos avaliar o período vivenciado na catequese por meio de dois questionários.

Questionário do catequizando

1) Você gostou da catequese este ano?

2) O catequista atingiu suas expectativas quanto à explicação do conteúdo dos temas?

3) Foi fácil compreender os assuntos ou você ficou com dúvidas sobre algum tema? Caso sua resposta seja afirmativa à última pergunta, qual sua sugestão para tornar mais fácil a compreensão desse tema?

Pergunta à família

1) Vocês sentiram seu(sua) filho(a) motivado(a) a frequentar os encontros? Caso a resposta seja negativa, o que sugerem para melhorar essa motivação?

Minha experiência pessoal com um catequizando autista me deu subsídios para elaborar estes dois questionários. Esse catequizando frequentava assiduamente os encontros e participava ativamente respondendo às perguntas feitas sobre os temas.

Confessou-se como os demais e recebeu a Primeira Eucaristia. Ele foi conduzido pela mãe, que na ocasião também fez a Primeira Eucaristia com o filho.

É através da união entre catequista, família e pároco que acontece com qualidade a catequese inclusiva.

Parte II

Deficiências: orientações e como agir com o catequizando

4. Deficiência auditiva

Orientações

A deficiência auditiva, também conhecida como hipoacusia, é uma condição em que o desempenho do indivíduo para a detecção sonora é reduzido, tanto parcial (quando se usam aparelhos auditivos ou implante coclear) quanto totalmente (como no caso da surdez). É importante, pois, que em nossa prática educativa atentemos para a maximização das potencialidades das pessoas com tal limitação, de forma a permitir-lhes conquistar o lugar a que têm de direito na sociedade. Para isso, é essencial primeiramente entender sobre o assunto.

A surdez pode ser dividida em dois grandes grupos:

- Congênita: quando o indivíduo já nasceu surdo, ou seja, ocorreu antes da aquisição da linguagem.
- Adquirida: quando o indivíduo perde a audição no decorrer da vida. Nesse caso, a surdez pode ser pré ou pós-lingual, dependendo de ter ocorrido antes ou depois da aquisição da linguagem.

O audiômetro é o instrumento utilizado para medir a sensibilidade auditiva de um indivíduo. O nível de intensidade sonora é medido em decibel (dB) e, por meio dele, é possível estabelecer uma classificação:

- Audição normal – de 0 a 15 dB.
- Surdez leve – de 16 a 40 dB: há dificuldade, por exemplo, de se ouvir o tic-tac do relógio, ou mesmo um cochicho. A pessoa é capaz de perceber os sons da fala e adquire e desenvolve a linguagem oral espontaneamente. O problema em geral é tardiamente descoberto e dificilmente se coloca o aparelho

de amplificação porque a audição é muito próxima do normal.

- Surdez moderada – de 41 a 55 dB: há dificuldade de se ouvir, por exemplo, uma voz baixa ou o canto de um pássaro. A criança pode demorar um pouco para desenvolver a fala e a linguagem, apresentar alterações articulatórias (trocas na fala), uma vez que não percebe todos os sons com clareza, e ter dificuldade em compreender a fala em ambientes ruidosos. Por isso, pode tornar-se desatenta e ter dificuldade no aprendizado da leitura e da escrita.
- Surdez acentuada – de 56 a 70 dB: há certa dificuldade de se ouvir em uma conversação normal.
- Surdez severa – de 71 a 90 dB: há certa dificuldade de se ouvir, por exemplo, o telefone tocando no volume máximo ou o latido de um cachorro. A criança terá dificuldades em adquirir a fala e a linguagem de maneira espontânea, podendo apresentar vocabulário do contexto familiar. Existe aqui a necessidade do uso de aparelho de amplificação e de acompanhamento especializado.
- Surdez profunda – acima de 91 dB: há muita dificuldade de se ouvir, só respondendo a sons muito intensos, como bombas, trovão, motor de carro e avião. A criança dificilmente desenvolverá a linguagem oral espontaneamente e com frequência utilizará a leitura orofacial. Nesta situação, é necessário o uso de aparelho de amplificação e/ou implante coclear, além de acompanhamento especializado.

A surdez pode ser, ainda, classificada como unilateral, quando se apresenta em apenas um ouvido, e bilateral, quando acomete ambos os ouvidos.

Curiosidades[1]

No ano de 1857 foi fundada a primeira escola para surdos no Brasil: o Instituto dos Surdos-Mudos, atualmente Instituto Nacional da Educação de Surdos (INES). Foi a partir deste instituto que surgiu a Língua Brasileira de Sinais, que mesclou a língua de sinais francesa, trazida por Huet, com a antiga língua de sinais brasileira, já utilizada por surdos de várias regiões do Brasil.

Língua Brasileira de Sinais (Libras)

Libras é reconhecida como segunda língua oficial do Brasil pela Constituição Federal. Ainda que de origem é francesa, possui linguagem de sinais própria, com diferenças na estrutura gramatical e formal em relação a outros países.

Composta de variados níveis linguísticos – fonológico, morfológico, sintático e semântico –, essa linguagem, combinada em frases, é formada por inúmeros elementos de representação, como movimentação das mãos, articulação dos dedos, pulsos, no espaço limitado entre cabeça e cotovelo.

No Brasil, a comunidade dos deficientes auditivos, ou seja, dos surdos, como são popularmente chamados, faz a utilização da Libras como linguagem de sinais; já o português aprendido é considerado como segunda língua. Há, contudo, o regionalismo da língua, possibilitando que em cada região existam sinais específicos e diferentes para o mesmo objeto.

Em Libras, não há flexão de tempo no verbo, pois o importante é a ação. Então, é como se estivesse sempre no infinitivo. Por exemplo, a frase: "Eu vou à missa" é formada por "ir" e "missa".

Como agir com o catequizando com deficiência auditiva

Uma catequese direta e de fácil compreensão exigirá do catequista ouvinte e até mesmo do catequista surdo uma preparação prévia dos encontros por meio de imagens e figuras, de pequenos trechos de filmes, de *slides* e de desenhos, e do uso de recursos

[1] Disponível em: <http://www.feneis.org.br/page/libras_nacional.asp>. Acesso em: 03/09/14.

midiáticos como *tablets* e computadores, a fim de inteirar-se da realidade que se lhe apresenta e agir de acordo com a faixa etária dos catequizandos.[2]

Também seria interessante que o catequista conhecesse Libras ou convidasse algum membro da família do catequizando ou alguém próximo para traduzir os encontros. Se não for possível, lembrar-se sempre de ficar de frente para o catequizando e falar devagar, para que ele consiga "ler" seus lábios.

É importante conversar com a família do catequizando para saber se ele já aprendeu a diferenciar o som de cada fonema e, em seguida, a união de dois fonemas para formar as sílabas e, posteriormente, a palavra, seguindo para uma frase e um texto.

O objetivo desse envolvimento familiar é conduzir a família à comunidade e motivar o catequizando com deficiência auditiva a frequentar com assiduidade os encontros.

Orientações práticas para cada encontro

Com os deficientes auditivos, ao se preparar o ambiente, há que destacar a palavra central do que se quer comunicar em cada encontro:*

Encontro 1 – Qual é a nossa identidade? "Identidade".

Encontro 2 – Somos comunidade: "Comunidade".

Encontro 3 – Vem e vê: "Ver".

Encontro 4 – Reino de Deus. "Deus".

Encontro 5 – Paralítico é curado: "Paralítico".

Encontro 6 – Leitura orante – Zaqueu: o encontro com Jesus (para este encontro, o catequista deve apresentar a imagem de Zaqueu, dizendo quem ele era, e o encontro com Jesus).

Encontro 7 – Deus fez este mundo tão grande e tão bonito: "Deus e mundo".

---

[2] Cf. CNBB. REGIONAL SUL 2. *Pastoral dos Surdos rompe desafios e abraça os sinais do Reino na Igreja do Brasil.* São Paulo: Paulinas, 2006. p. 46.

* As palavras que deverão ser destacadas encontram-se entre "aspas".

Encontro 8 – Homem e mulher, imagem e semelhança de Deus. "Homem e mulher".

Encontro 9 – Afastar-se de Deus. "Deus".

Encontro 10 – Deus continuou com seu povo: "Deus e povo".

Encontro 11 – Moisés chamado por Deus (para este encontro, o catequista apresenta a figura de "Moisés", dizendo quem ele era e como Deus o chamou).

Encontro 12 – Deus libertou seu povo. "Deus".

Encontro 13 – Aliança e Mandamentos: "Mandamentos".

Encontro 14 – Deus preparou o povo para receber o Salvador. "Salvador".

Encontro 15 – Leitura orante – Vocação de Isaías (o catequista diz aos catequizandos quem foi "Isaías").

Encontro 16 – Liturgia da Palavra: "Éfeta" (o catequista diz aos catequizandos o que significa "Éfeta").

Encontro 17 – A Virgem esperou com amor de mãe: "Virgem e mãe" (o catequista apresenta Nossa Senhora).

Encontro 18 – João anunciou estar próximo o Reino: "João e Reino" (o catequista apresenta "João Batista": quem ele era e o que fez).

Encontro 19 – Nasceu o Salvador: "Salvador".

Encontro 20 – Jesus está pleno do Espírito (Batismo de Jesus): "Batismo e Jesus".

Encontro 21 – Leitura orante – Quem é Jesus: "Jesus".

Encontro 22 – A multiplicação dos pães: "Pães".

Encontro 23 – Perdão dos pecados: "Perdão e pecados".

Encontro 24 – Jesus chama os apóstolos: "Jesus e Apóstolos".

Encontro 25 – Leitura orante – Vocação de Mateus (o catequista explica aos catequizandos sobre "São Mateus").

Encontro 26 – Ensino através de parábolas: "Ensino e parábolas".

Encontro 27 – O semeador: "Semeador".

Encontro 28 – O bom Samaritano: "Samaritano".

Encontro 29 – Jesus ensina a rezar o Pai-Nosso: "Jesus, oração e Pai-Nosso".

Encontro 30 – "Bem-Aventuranças".

Encontro 31 – Jesus celebra a Páscoa: "Jesus e Páscoa".

Encontro 32 – "Jesus morre na cruz".

Encontro 33 – "Jesus ressuscita".

Encontro 34 – Leitura orante – A "Eucaristia".

Encontro 35 – O Espírito continua a missão de Cristo: "Espírito".

Encontro 36 – "A Igreja, Corpo de Cristo".

Encontro 37 – Eucaristia, Corpo de Cristo: "Igreja, Eucaristia, Jesus".

Encontro 38 – Participamos da Páscoa: "Páscoa".

Encontro 39 – A presença de Cristo: "Jesus Cristo".

Encontro 40 – "A mesa da Palavra".

Encontro 41 – A mesa da Eucaristia: "Eucaristia".

Encontro 42 – O "domingo".

Encontro 43 – "Perdão".

O catequizando com deficiência auditiva necessita de gestos "concretos" para interpretar o momento de oração. Exemplos: dar as mãos, fazer de maneira lenta o sinal da cruz, oferecer o abraço fraterno da paz.

Preparar o ambiente com imagens referentes a cada tema, seguindo as palavras principais do encontro. Este catequizando necessita que as conversas sejam ilustradas, especialmente os episódios envolvendo Jesus. Nesse sentido, caso haja a projeção de filmes, cuidar para que tenham relação com o tema apresentado, reforçando, assim, o assunto abordado.

Quanto mais rico em conteúdo concreto for o encontro, de maneira mais fácil o catequizando com deficiência auditiva assimilará o tema. Possibilitar que ele expresse o que entendeu dos encontros através da apresentação de figuras relacionadas aos temas, seguidas de expressões gestuais, como sorriso, balançar da cabeça etc.

Convidar os catequizandos para rezarem de mãos dadas.

FILMES SOBRE DEFICIÊNCIA AUDITIVA

Amy – uma vida pelas crianças (1981); A música e o silêncio (1996); À procura de Mr. Goodbar (1977); Belinda (1948); Broadway dos meus sonhos (2000); Dot – the quiest (2005); Filhos do silêncio (1986); Gestos de amor (1993); Lágrimas do silêncio (1989); E seu nome é Jonas (1979); Mr. Holland – adorável professor (1995); No silêncio do amor (1985); O piano (1993); O poder da esperança (2007); O rodeio da vida (1997); O segredo de Beethoven (2006); O trovão silencioso (1959); Travessia do silêncio (2004); Verão inolvidável (1985).

5. Autismo e Transtorno de Asperger

Orientações

O autismo, também chamado de Transtorno de Espectro Autista, é um distúrbio caracterizado pelo desenvolvimento anormal ou alterado da criança, que se manifesta antes dos três anos. É mais comum em meninos do que em meninas.

Há a perturbação característica do funcionamento em cada um dos três domínios: interações sociais, comunicação, comportamento focalizado e repetitivo. As principais necessidades especiais desse público são: desenvolver a capacidade de estabelecer relações; comunicar-se, compreender e ser compreendido e aprender comportamentos adequados, comportar-se de forma saudável, expressando bem-estar.

> Assim como outras formas de psicose infantil precoce, das quais não pode ser dissociado, o autismo aparece como um tipo severo de desordem da personalidade que altera muito precocemente, às vezes desde o nascimento, a organização da vida interior da criança e sua relação com o mundo exterior. Essas psicoses constituem também distúrbios do desenvolvimento que afetam, de modo variado e não homogêneo, os diversos setores do desenvolvimento da criança.[1]

A espiritualidade é um dos aspectos da saúde mental. Ao ter acesso a ambientes, reuniões, eventos e a classes de doutrina religiosa, o cidadão com autismo está usufruindo de um direito básico, que deve favorecer o seu desenvolvimento mental e social. Sendo assim, a prática regular de uma religião pode auxiliar a melhora da qualidade de vida dessas pessoas.

---

[1] SANS FITÓ, Anna. *Por que é tão difícil aprender?* São Paulo: Paulinas, 2012. p. 141.

O termo autismo foi empregado pela primeira vez em 1911, pelo psiquiatra suíço Eugen Bleuler, para descrever a fuga da realidade e o retraimento para o mundo interior em pacientes adultos acometidos de esquizofrenia. Somente em 1943, o psiquiatra Leo Kanner, utilizando o termo difundido por Bleuler para designar a doença, descreveu com maior precisão o autismo infantil. Antes disso o autismo existia apenas como denominação de um sintoma extremo de "alienação" ou desapego dos casos de esquizofrenia. A partir da década de 1970, os meios científicos manifestaram um crescente interesse pelo assunto, o que possibilitou o desenvolvimento de pesquisas nos âmbitos neurobiológico, cognitivo e psicanalítico.

O autismo foi, ao longo do tempo para todos os tipos de profissionais, objeto de estudo e trabalho, com a pretensão de serem capazes de tratá-lo ou curá-lo.[2]

Esta síndrome faz com que a criança apresente algumas características específicas, tais como: dificuldade na fala e em expressar ideias e sentimentos, isolamento em meio às pessoas, pouco contato visual, além de padrões repetitivos e movimentos estereotipados, como ficar muito tempo sentado balançando o corpo para frente e para trás, ou girando algum objeto.

A seguir alguns sintomas e características do autismo:

• Dificuldade na interação social, como contato visual, expressão facial, gestos, e também de expressar emoções.

• Prejuízo na comunicação, como dificuldade em iniciar ou manter uma conversa, e uso repetitivo da linguagem.

• Alterações comportamentais: não sabem brincar de faz de conta, têm padrões repetitivos de comportamento, apresentam intenso interesse por algo específico, como, por exemplo, a asa de um avião, o motor de carrinhos etc.

Estes sinais e sintomas variam de leves, que podem até passar despercebidos, mas também podem ser moderados a graves, e interferem muito no comportamento e na comunicação da criança.[3]

---

[2] Disponível em: <http://convivendocomautismo.blogspot.com.br/2012/02/leo-kanner-o-pai-do-autismo.html>.

[3] Disponível em: <https://www.tuasaude.com/autismo-infantil/>. Acesso em: 29/11/17.

Assim como outras formas de psicose infantil precoce, das quais não pode ser dissociado, o autismo aparece como um tipo severo de desordem da personalidade que altera muito precocemente, às vezes desde o nascimento, a organização da vida interior da criança e sua relação com o mundo exterior. Essas psicoses constituem também distúrbios do desenvolvimento que afetam, de modo variado e não homogêneo, os diversos setores do desenvolvimento da criança.[4]

A gravidade das manifestações clínicas vai desde o autismo clássico descrito por Kanner até formas menos graves, como o chamado autismo de alto funcionamento e o Transtorno de Asperger.[5]

Em relação ao comportamento repetitivo, Leo Kanner, em seu trabalho *Alterações autísticas do contato afetivo*, diferencia o autismo de outras psicoses graves na infância. E afirma que os sons e movimentos da criança são tão monotonamente repetitivos como o são suas emissões verbais.[6]

A criança autista apresenta uma aderência inflexível à rotina ou ritual, reagindo com intensa ansiedade à mudança imprevista no ambiente, na disposição dos móveis numa sala, e no local e ordem que se desenvolvem as atividades, nos percursos seguidos para se chegar a determinado local etc.[7]

Como é feito o diagnóstico

O diagnóstico é clínico e norteado pelos critérios do DSM 5 (*Diagnostic and Statistical Manual of Mental Disorders* – Manual de Diagnóstico e Estatística dos Transtornos Mentais) da sociedade norte-americana de psiquiatria e pelo CID 10 (Classificação Internacional de Doenças, da Organização Mundial de Saúde). As coletas de informações são baseadas nos relatos familiares e na observação do comportamento do paciente. Neste diagnóstico, é importante alterações características em três áreas específicas

---

[4] SANS FITÓ, Anna. *Por que é tão difícil aprender?* São Paulo: Paulinas, 2012. p. 141.

[5] Cf. ibidem, p. 142.

[6] Disponível em: <http://marciocandiani.site.med.br/>. Acesso em: 22/09/14.

[7] SURIAN, Luca. *Autismo*: informações essenciais para familiares, educadores e profissionais da saúde. São Paulo: Paulinas, 2010. p. 18.

do indivíduo: interação social, alteração comportamental e falha na comunicação.[8]

Os graus do autismo[9]

O TEA (Transtorno de Espectro Autista) pode ser classificado em três graus:

- *Leve:* A criança apresenta alterações sutis na comunicação, como falta de ritmo na fala, e insiste em falar apenas sobre coisas do seu interesse. Além de dificuldade de expressividade emocional e diferentes tipos de déficit e habilidades sociais, tais como: falta de empatia, de expressões faciais e dificuldade em desenvolver amizades.
- *Moderado:* A criança consegue desenvolver a fala, embora possua atrasos na comunicação, como a inversão de pronomes, e a ecolalia, isto é, a repetição de palavras sem função. E apresenta dificuldades de socialização e problemas de comportamento.
- *Grave:* A criança pode apresentar comorbidade, ou seja, ter mais de uma patologia simultaneamente, com deficiência intelectual. É possível demonstrar alterações severas na comunicação e muitas não desenvolverem a fala.

Transtorno de Asperger

Hans Asperger, psiquiatra e pesquisador austríaco, ao publicar seus estudos na Alemanha no final da Segunda Guerra Mundial, descreve um grupo de crianças com comportamentos semelhantes aos descritos por Kanner em 1943.

Este transtorno é caracterizado por uma alteração qualitativa das interações sociais recíprocas, semelhante à observada no autismo, e reconhecido antes dos dois anos de idade da criança.[10]

---

8 Cf. Autismo. *Ler & Saber*, ano 2, n. 3, p. 10-11, 2015. Ed. especial.

9 Cf ibidem, n. 37, p. 19.

10 Cf. ibidem, n. 37, p. 21.

Contudo, a diferença está na memória privilegiada de quem possui o transtorno e nos aspectos cognitivos e de linguagem que não apresentam atrasos, embora a adaptação e as mudanças na rotina do dia a dia sejam capazes de gerar ansiedade. Atualmente, a atualização do Manual Diagnóstico da Associação Americana de Psiquiatria, o DSM 5[11] optou por não categorizar de maneira distinta o autismo e o Transtorno de Asperger, classificando-os como Transtorno do Espectro Autista.

Como agir com o catequizando autista ou com Transtorno de Asperger

O catequista deve respeitar o tempo e o ritmo de aprendizagem de cada catequizando, que são diferentes uns dos outros. Sendo assim, no caso da criança com autismo ou com Transtorno de Asperger, precisa estimular sua comunicação com os outros colegas, conversar com ela de maneira clara e objetiva, além de apresentar as atividades e explicar os conteúdos catequéticos através de figuras, para evitar dificuldade na compreensão do que deve ser feito nas atividades.[12]

Também é aconselhável utilizar dos conhecimentos prévios dela, explorando os temas bíblicos de seu interesse para abordar novos assuntos, voltados às expectativas de aprendizagem. Elogie-a sempre e evidencie suas capacidades. Se ela tem uma coleção de carrinhos, por exemplo, utilize-a para explicar os Dez Mandamentos.

Ações fora da rotina devem ser comunicadas antecipadamente, para ela se "familiarizar" com o novo assunto que será aprendido na catequese. Portanto, o catequista deve explicar-lhe antecipadamente o que vai acontecer ao longo do ano, a fim de que conheça o catequista e os novos amigos do grupo pelo nome, a

[11] Manual Diagnóstico e Estatístico de Transtornos Mentais (DSM) é a classificação-padrão de transtornos mentais usados por profissionais de saúde mental nos Estados Unidos. E ele contém uma lista de critérios diagnósticos para cada transtorno psiquiátrico reconhecido pelo sistema de saúde dos EUA. Disponível em: <http://www.dsm5.org/about/Pages/Default.aspx acessado em 23/12/15>.

[12] Disponível em: <http://revistaescola.abril.com.br/formacao/sindrome-asperger-625099.shtml>. Acesso em: 25/06/2014.

sala que irão se reunir, os encontros semanais, e ter presente o assunto a ser estudado. É importante também dizer o nome do pároco e dos vigários, se houver. Trata-se de uma maneira de localizá-la sobre o que está acontecendo em sua vida, pois a falta de informações pode causar-lhe ansiedade e nervosismo.

Em relação ao dia a dia dos encontros de catequese, o catequista pode usar incentivos frequentes, tais como sempre avisá-la sobre o novo assunto a ser estudado, motivá-la a frequentar os passeios com os demais catequizandos e ser independente, acompanhando sem auxílio o livro utilizado durante os encontros, ainda que necessite de exemplos concretos para entender os conteúdos. Estes devem ser ricos em gravuras, já que crianças autistas ou com Transtorno de Asperger têm dificuldade de assimilar os sentidos figurados das palavras, de interpretar literalmente aquilo que ouvem. Por exemplo: ao dizer que a cadeira não tem "pé", vão associar ao pé delas; "Somos sal da terra e luz do mundo" para elas é o sal colocado na comida e a luz que elas acendem pelo interruptor; ou quando se diz: "Sede santos, como o vosso Pai dos céus é santo", para elas santo é apenas o que veem representado na imagem em suas casas e na igreja que frequentam. Uma dica para saber quando a criança assimilou o tema é, ao indagar-lhe sobre ele, ouvir uma resposta coerente.

Pela minha experiência com crianças autistas na catequese, constatei que possuem grande facilidade de aprender os conteúdos explicados. Com os colegas, é comum comportarem-se de maneira segregada e apresentarem dificuldades de interação social, devido à falta de compreensão e aceitação que é normal ocorrer entre os pares. Costumam ser seletivas quanto à comida, podendo não querer comer nada de cor verde ou branca. Sendo assim, é importante apresentar-lhes uma partícula, deixá-las segurá-la na mão, para que, quando chegar o dia da Primeira Eucaristia, não se tornem resistentes e aceitem comungar. Deve-se evitar excesso de contatos físicos, que podem gerar agressividade, e impor-lhes limites.

Para ajudar nessa tarefa, sugerimos a leitura do livro *O que eu nunca disse antes: eu, meu autismo e no que acredito.*[13]

---

[13] ROSA, Federico de. *O que eu nunca disse antes*: eu, meu autismo e no que acredito. São Paulo: Paulinas, 2016.

À família, é importante apresentar o conteúdo e a metodologia dos encontros, diminuindo assim a ansiedade de todos, porque entenderão o processo de ensino e de aprendizagem da catequese. Ao mesmo tempo, o catequista transmitirá a segurança de que a criança será capaz de assimilar e acompanhar os encontros no tempo e no ritmo dela, ainda que de modo mais lento que seus companheiros. Quanto à Primeira Eucaristia, deverá orientá-los sobre o dia: a igreja estará lotada, quem participará do momento da celebração, os objetos diferentes que lá estarão, o uso de máquinas fotográficas, filmadoras etc. O intuito é que, juntos, possam evitar reações inesperadas, como de a criança levantar-se e correr pela igreja.

Orientações práticas para cada encontro

- Preparar o ambiente de maneira celebrativa, de modo que os objetos presentes na sala comuniquem-se com os catequizandos, conduzindo-os ao tema do encontro.
- Convidar o catequizando com autismo ou com Transtorno de Asperger para iniciar espontaneamente a oração. Em seguida, conduzir todos os catequizandos a rezarem a oração correspondente àquele encontro.
- Conversar com os catequizandos sobre o tema do dia e pedir ao catequizando com autismo ou com Transtorno de Asperger para dizer o que entendeu a respeito e, depois, para fazer um desenho sobre cada encontro. Em seguida, formar duplas ou trios para todos os catequizandos partilharem o que assimilaram do tema e para apresentarem na frente da sala, aos demais colegas, o conteúdo assimilado.
- Pedir ao catequizando com autismo ou com Transtorno de Asperger para comentar como vai colocar em prática o que aprendeu sobre o encontro.

Filmes que abordam o autismo e o Transtorno de Asperger

Meu amargo pesadelo (1972); Meu filho, meu mundo (1979); O garoto que podia voar (1986); Rain Man (1988); Gilbert Grape: aprendiz de um sonhador (1993); Retratos de família (1993); Testemunha do silêncio (1994); Prisioneiro do silêncio (1994); À sombra do piano (1996); A lenda do pianista do mar (1998); Ressurreição (1998); Experimentando a vida (1999); Uma viagem inesperada (2004); Loucos de amor (2005); Um certo olhar (2006); Um amigo inesperado (2006); O nome dela é Sabine (2007); Ben X: a fase final (2007); Autismo: o musical (2007); Sei que vou te amar (2008); Mary e Max: uma amizade diferente (2009); O menino e o cavalo (2009); A Mother's Courage: Talking Back to Autism (2009); Adam (2009); Temple Grandin (2010); Meu nome é Khan (2010); Ocean Heaven (2010); Um time especial (2011); O enigma do autismo (2011) Tão forte, tão perto (2012).

6. Dislexia

Orientações

A dislexia é uma dificuldade específica relacionada à leitura. É um transtorno no desenvolvimento cognitivo comum da criança, que apresenta dificuldade para ler de maneira fluente. É comum ela mudar as letras de lugar, inverter as sílabas ou criar palavras no momento da leitura. Embora compreenda de maneira razoável aquilo que leu, lê com dificuldade, como se estivesse no início da alfabetização.

As inversões, omissões e substituições de letras ou sílabas que frequentemente os disléxicos cometem assemelham-se de maneira ilustrada a "um pacote de macarrão de letrinhas", sem um significado aparente.[1] O grande obstáculo é converter o som em sinal gráfico, e o contrário também acontece. Essas dificuldades são causadas por inúmeros fatores, entre eles familiares, no que diz respeito à origem genética, e também a problemas conjugais dos pais, como a triangulação familiar. Ao vivenciar isso, algumas crianças desenvolvem os sintomas característicos da dislexia.[2]

Como agir com o catequizando dislexo

Possibilitar ao catequizando com dislexia trazer para o encontro seus conhecimentos prévios, a fim de se sentir acolhido e motivado diante da dificuldade de acompanhar a leitura dos textos.

---

1 Disponível em: <http://revistaescola.abril.com.br/gestao-escolar/cinco-perguntas-dislexia-688413.shtml?utm_source=redesabril_fvc&utm_medium=facebook&utm_campaign=redesabril_novaescola>. Acesso em: 12/05/2014.

2 Cf. CAETANO, Luciana Maria; YAEGASHI, Solange Franci Raimundo (org.). *Relação escola e família*: diálogos interdisciplinares para a formação da criança. São Paulo: Paulinas, 2014.

Tratá-lo da mesma forma que os demais do grupo, usando linguagem clara e objetiva. Quando se dirigir a ele, olhá-lo diretamente. Perguntar se está acompanhando a reflexão; caso a resposta seja negativa, disponha-se a ajudar, como amigo, para tirar as dúvidas. E incentivá-lo a acreditar no próprio potencial e na sua capacidade de acompanhar e interagir nos encontros.

Adaptar os conteúdos, oferecendo um tempo maior a ele para assimilá-los. Avaliar o processo de aprendizagem deste catequizando de forma oral. Evitar que faça leituras em voz alta, para não constrangê-lo diante dos colegas. Alguns recursos midiáticos, como *Tablet, notebook, Power point,* podem ajudar. Caso não disponha destes meios, é possível utilizar com proveito figuras relacionadas ao tema dos encontros. E elaborar cartazes com os tópicos dos assuntos principais.

Motivar a família a respeito do aproveitamento desse catequizando na catequese, tranquilizando-a sobre o potencial e a capacidade de compreensão dos conteúdos, ainda que sejam assimilados em tempos e ritmos diferentes dos demais.

ORIENTAÇÕES PRÁTICAS PARA CADA ENCONTRO

- Elaborar cartazes com figuras voltadas ao tema do encontro.
- Convidar o catequizando com dislexia para iniciar a oração e sugerir aos demais colegas a intenção da oração, relacionada ao tema do encontro.
- Convidar o catequizando com dislexia para dizer o que aprendeu sobre o tema do encontro. Assim, ele vai se sentir motivado a prestar atenção e interagir com frequência.
- Perguntar ao catequizando com dislexia o que ele vai fazer para colocar em prática o que aprendeu sobre o tema do encontro.
- Reunir os catequizandos em duplas ou trios e pedir que comentem entre si o que aprenderam sobre o tema do encontro.

FILME SOBRE DISLEXIA

Como estrelas na Terra – Toda criança é especial (2007).

7. Síndrome de Down

Orientações

A Síndrome de Down está incluída no grupo de "deficiência intelectual", expressão oficialmente utilizada no ano de 1995, quando a Organização das Nações unidas realizou em Nova York o simpósio chamado "Deficiência Intelectual: Programas, Políticas e Planejamento para o Futuro". Trata-se de uma deficiência caracterizada por problemas que ocorrem no cérebro e que levam a um aprendizado mais lento, mas que não afeta outras regiões ou áreas cerebrais. Entre suas causas mais comuns, encontram-se os fatores de ordem genética, as complicações que ocorrem ao longo da gestação, durante o parto ou pós-natais.

O deficiente intelectual é o indivíduo que tem maior ou menor dificuldade em seguir o processo regular de aprendizagem e, por isso, necessita de apoios e adaptações curriculares. Costuma apresentar dificuldades para resolver problemas, compreender ideias abstratas (como as metáforas, a noção de tempo e os valores monetários), estabelecer relações sociais, compreender e obedecer a regras e realizar atividades cotidianas, como, por exemplo, as ações de autocuidado.

A *Síndrome de Down* (SD), por sua vez, é um distúrbio genético que ocorre durante a divisão celular do embrião e atinge todas as etnias. Alguns exames feitos pela gestante no pré-natal identificarão se o bebê terá ou não este distúrbio genético. Também será diagnosticada logo após o nascimento pelo médico pediatra que analisa no bebê as características fenotípicas comuns à síndrome. A confirmação é dada através de uma análise citogenética. Embora seja uma análise do DNA de qualquer célula, neste caso, está relacionado às células fetais do líquido amniótico.

Não existem graus da Síndrome de Down. A criança com essa síndrome, quando estimulada desde o momento do nascimento pela família, adquire os níveis de aprendizagem comparados aos de uma criança comum.[1] Portanto, é no empenho e na dedicação da família que está o segredo da estimulação dessa criança, que ocorre de acordo com seu tempo e ritmo de aprendizagem.

Os profissionais de várias áreas irão auxiliar nesse processo com as especialidades que competem a cada um. Primeiramente, é preciso ajudar os membros da família com aconselhamentos de alguns pontos importantes, como a aceitação dessa criança, auxiliando-os a passarem do luto da notícia à luta da estimulação e da inclusão familiar, promovendo assim sua interação. Posteriormente auxiliarão na sua inclusão social, ou seja, na escola, onde ela irá aprender as regras e limites de convivência, para que, quando adulta, possa ingressar na universidade e no mercado de trabalho. Contudo, é nas paróquias que irá aprender como ser cristã.

Importante lembrar que a superproteção dos pais em relação à criança, tratando-a como um bebê, influencia de maneira negativa o seu processo de desenvolvimento. Não é incomum concentrarem as atenções na sua deficiência intelectual, dando mais atenção a isso do que aos seus progressos. Assim, ela fica limitada e infantilizada diante das possibilidades que promovem a sua independência e interação social, o que futuramente dificultará sua inclusão na escola e, posteriormente, sua inserção no mercado de trabalho.

Características da Síndrome de Down

Algumas características físicas comuns à síndrome são: espaço excessivo entre o dedão do pé, que recebe o nome de hálux, e o segundo dedo do pé; pontos brancos nas íris, conhecidos como manchas de Brushfield; olhos amendoados, dedos curtos, fissuras palpebrais oblíquas, prega palmar transversal única, problemas cardíacos congênitos, ponte nasal achatada, língua protrusa, pescoço curto e flexibilidade excessiva nas articulações.

---

[1] Disponível em: <http://www.infoescola.com/educacao/teoria-cognitiva/>. Acesso em: 15/12/13.

Embora apresentem algumas semelhanças físicas marcantes entre si, são indivíduos únicos, como somos todos nós.

Saúde e expectativa de vida

Atualmente, com a melhoria da qualidade de vida, a expectativa de vida de uma pessoa com Síndrome de Down assemelha-se à da população em geral. Em 1947, sua expectativa de vida era de 15 anos, e em 1989, de 50 anos. Isso se deve ao avanço da medicina, que consegue combater com facilidade os sintomas dos problemas médicos associados à síndrome.

Até alguns anos atrás, as pessoas com Síndrome de Down permaneciam isoladas no interior de suas casas, pois suas famílias tinham medo de expor seus filhos à sociedade devido ao preconceito. Hoje, com a legislação favorável à inclusão, essas pessoas saíram de suas casas e passaram a frequentar a sociedade. É muito comum vê-las praticando esportes, frequentando escolas, universidades, e ingressando no mercado de trabalho.

Como agir com o catequizando com Síndrome de Down

Um catequizando com Síndrome de Down tem maior dificuldade para interpretar ideias abstratas. Nos encontros, o catequista deve diversificar os temas buscando sempre relacioná-los com as situações do cotidiano, por meio de exemplos concretos para ilustrar os conteúdos mais complexos.

Os encontros devem ser ricos em experiências concretas e figuras relacionadas ao tema. Desta maneira o catequizando assimila satisfatoriamente os conteúdos, conseguindo reproduzir para sua família o que aprendeu na catequese. Devem ser apresentadas gravuras que ilustrem o tema do encontro, por exemplo: quando tratar de Jesus, o catequista deverá apresentar figuras sobre Jesus.

É necessário redimensionar o conteúdo, flexibilizar o tempo para a realização das atividades e usar estratégias diversificadas de exposição, sempre utilizando a repetição.

O catequizando com Síndrome de Down assimilará os conteúdos de maneira repetitiva. Por isso, os encontros precisarão ser repetidos inúmeras vezes. Então, cada vez que o catequista introduzir um novo tema, deve recordar o tema anterior, e saberá quando este catequizando assimilou o tema ao indagar-lhe sobre ele e ouvir uma resposta coerente.

Assim como foi recomendado para o catequizando com autismo ou com transtorno de Asperger, o catequista precisa explicar o que vai acontecer ao longo do ano na catequese, e apresentar à família o conteúdo e a metodologia dos encontros para diminuir a ansiedade de todos, lembrando que a criança com Síndrome de Down é capaz de assimilar e acompanhar os encontros no tempo e no ritmo dela.

Para apresentar aos catequistas a didática concreta da catequese junto às pessoas com Síndrome de Down, recordo o sintético depoimento de uma jovem de 31 anos que recebeu os sacramentos de iniciação cristã e mostrou a chave que abriu as portas de sua inclusão na catequese: "Eu fui recebida [...]. O padre Willian, ele é tão carinhoso comigo! Como sou Síndrome de Down, e pela inclusão, foi ele quem me recebeu com os braços abertos".

Orientações práticas para cada encontro

- Ilustrar a sala dos encontros com imagens relativas a cada tema.
- Convidar todos os catequizandos a fazerem as orações de mãos dadas ao final de todos os encontros, pois, como a pessoa com síndrome de Down necessita vivenciar suas ações com muita repetição para compreender o que está acontecendo ao redor, ao rezarem juntos a oração do Pai-Nosso de mãos dadas e, logo após a oração final, darem um abraço desejando uns aos outros a paz de Cristo, ela assimilará com facilidade o momento final de cada encontro.

- Solicitar ao catequizando com Síndrome de Down, em cada encontro, que diga em voz alta para todos os demais catequizandos o que assimilou do tema. Em geral, eles gostam muito de ser incentivados a participar, ou seja, de estar sempre em evidência, de "sentir-se o centro das atenções", tanto em casa como em outras situações.
- Perguntar ao catequizando com Síndrome de Down como irá colocar em prática o que aprendeu sobre cada tema dos encontros.
- Criar uma melodia para cada oração, referente a cada tema dos encontros. Em geral, pessoas com Síndrome de Down gostam de interagir com músicas.

Filme que aborda a Síndrome de Down

Do luto à luta (2004); Colegas (2012).

8. Hiperlexia

Orientações

É um distúrbio mental que acomete algumas crianças, tornando-as capazes de ler precocemente (entre os dois e os quatros anos de idade) antes de saberem falar, podendo chegar a ler palavras em qualquer posição, até mesmo de cabeça para baixo. Contudo, aos cinco anos de idade, a hiperlexia coexiste, por vezes, com dificuldades na comunicação verbal e na interação social.

A criança hiperléxica apresenta dificuldade com mudanças de rotina; deve, então, ser informada quando houver alterações em seu cotidiano. Além disso, fixa-se em assuntos que sejam de seu interesse e, devido ao constante estímulo visual que recebem, apresentam atitudes de autoestímulo, tais como agitar as mãos, bater a cabeça contra objetos, torcer coisas. Há ocorrência também de sensação geral de ansiedade inexplicada, temor específico a alguma coisa fora do comum, sensibilidade a barulho, frequentes acessos temperamentais. Muitas crianças apresentam esses sintomas entre os dois e três anos de idade, sendo confundidos com os do autismo. Entretanto, ao melhorar a linguagem (compreensão e expressão), a conduta autista diminui ou desaparece. Como a hiperlexia é um distúrbio de linguagem, através de procedimentos utilizados por profissionais e familiares, as crianças hiperléxicas ficam menos ansiosas, mais flexíveis e interativas.

Como agir com o catequizando com hiperlexia

A criança com hiperlexia aprende como as demais. Porém, o catequista deve utilizar exemplos voltados a assuntos de seu interesse, utilizando-se sempre de seus conhecimentos prévios para que ela compreenda melhor os conteúdos a serem explicados, que devem ser sempre escritos, uma vez que assimila com facilidade através de leituras. Então, os encontros devem ser ricos em palavras referentes aos temas, e o catequista pode pedir à criança que os leia.

É importante utilizar de rotina nos encontros, ou seja, seguir sempre o mesmo "caminho" para a transmissão dos conteúdos, porque a criança hiperléxica não lida bem com mudança de rotina. E caso haja alguma alteração de local, informar-lhe onde será e o motivo pelo qual foi mudado.

É necessário transmitir muita segurança para este catequizando, pois através de confiança em si mesmo assimilará com qualidade os conteúdos dos encontros.

Orientações práticas para cada encontro

- Preparar a sala de encontro com vários cartazes com figuras relacionadas a cada tema do encontro. Avisar os catequizandos sobre o que cada imagem exposta representa para aquele encontro.
- Em todos os encontros, a oração deve seguir a mesma rotina, ou seja, no momento do Pai-Nosso os catequizandos dão as mãos e, no final de cada encontro, abraçam-se fraternalmente, desejando uns aos outros a paz de Cristo.
- Perguntar aos catequizandos o que eles assimilaram sobre o conteúdo do encontro.
- Relacionar cada encontro com realidades voltadas ao cotidiano do catequizando.
- Conversar com os catequizandos sobre o que irá acontecer no final de cada encontro, voltado àquele tema. Em seguida, apresentar uma figura relacionada. Os catequizandos hiper-léxicos necessitam de segurança, pois são muito distraídos. Para tanto, o catequista, ao explicar o que vai ser feito, tem que conversar pausadamente sobre este momento do encontro.

Livro sobre hiperlexia

Priscilla Gilman. O *filho antirromântico*. São Paulo: Companhia das Letras, 2015.

9. Paralisia cerebral

Orientações

Paralisia cerebral é uma lesão cerebral que acontece, em geral, quando falta oxigênio no cérebro do bebê durante a gestação, no parto ou até dois anos após o nascimento – neste caso, pode ser provocada por traumatismos, envenenamentos ou doenças graves, como sarampo ou meningite.

A expressão "paralisia cerebral" é usada para descrever uma condição de ser, um estado de saúde, uma deficiência física adquirida.

Dependendo do local do cérebro onde ocorre a lesão e do número de células atingidas, a paralisia danifica o funcionamento de diferentes partes do corpo. A principal característica é um desequilíbrio na contenção muscular que causa tensão e inclui dificuldades de força e equilíbrio, isto é, a lesão provoca alterações no tônus muscular e o comprometimento da coordenação motora. Em alguns casos, há também problemas na fala, na visão e na audição.

Ter uma lesão cerebral não significa, necessariamente, ser acometido de danos intelectuais; porém, ainda que haja comprometimentos cognitivos, uma vez estimulada pela família, a criança é capaz de assimilar novos aprendizados.

Como agir com o catequizando com paralisia cerebral[1]

Para facilitar o acesso do catequizando com paralisia cerebral, é importante adaptar os espaços da sala de encontros na paróquia. E para as atividades, o catequista deve confeccionar

[1] Disponível em: <http://revistaescola.abril.com.br/formacao/paralisia-cerebral-deficiencia-intelectual-624814.shtml>. Acesso em: 09/07/2014.

os materiais para facilitar a coordenação motora fina dele. Por exemplo: providenciar lápis, canetinha e giz de cera mais grossos, envolvê-los em espuma e prender com elástico, para facilitar o controle motor do aluno; fixar os papéis em pranchetas para dar firmeza ou usar cadernos.

O catequista deve também escrever usando letras maiores e pedir para esse catequizando sentar-se na frente, se possível, com a carteira inclinada, que dá mobilidade e facilita a escrita. E caso ele apresente problemas na fala e na audição, o catequista deve solicitar à família que providencie uma prancha de comunicação, para que se expresse através da escrita. No caso de a família não ter condições para isso, o catequista pode preparar cartões com desenhos ou fotos de pessoas e objetos significativos para o catequizado, como os pais, os colegas, o catequista, e com palavras-chave como "sim", "não", "sede", "banheiro", "entrar", "sair" etc. O objetivo é melhorar a comunicação desse catequizando, que pode, por meio das fichas, indicar o que quer ou o que está sentindo.

Em alguns casos, a criança com paralisia cerebral também precisa de um cuidador ou de um membro da família que a ajude a ir ao banheiro ou a pegar os materiais. Mas, vale lembrar, que todos devem estimular sua autonomia, respeitando suas dificuldades e explorando seus potenciais.

Nesse sentido, os conteúdos são ministrados da mesma maneira que para os demais catequizandos, uma vez que, ainda que *tenha paralisia cerebral leve, moderada ou severa,* apresenta em geral apenas os movimentos motores comprometidos, os quais não influenciam sua parte cognitiva,[2] ou seja, ele raciocina como os demais e sem dificuldade acompanhará o conteúdo dos encontros.

O catequista pode levar figuras para ilustrar os temas a serem apresentados, pois, quanto mais ricos em conteúdo concreto, mais fácil será sua assimilação, tanto para o catequizando com paralisia cerebral como para os outros catequizandos.

---

[2] Relativo ao conhecimento, processo mental de percepção, memória, juízo ou raciocínio.

É na catequese que esse catequizando sentirá segurança e autonomia para interagir com os amigos e catequista. E através dessa interação aprenderá no dia a dia a convivência no meio paroquial, longe da família.

O catequista saberá quando este catequizando com paralisia cerebral leve, moderada ou severa assimilou o tema do encontro ao indagar-lhe sobre o tema e receber uma resposta satisfatória.

Para o catequista conduzir esse catequizando aos conhecimentos sobre Jesus, caso ainda não esteja alfabetizado, deve ilustrar o encontro com várias imagens de Jesus, seguidas de palavras geradoras, ou seja, que estejam relacionadas ao tema. O importante é esse catequizando compreender os conteúdos ao longo do ano e entender o que estará recebendo no dia da Primeira Eucaristia.

Seguindo a orientação de um padre que acolhe em sua paróquia catequizandos com deficiência, propomos o seguinte: quando o catequista receber um catequizando com paralisia cerebral severa, este poderá receber a Eucaristia com os demais companheiros. Contudo, se tiver dificuldade na articulação do maxilar, a partícula eucarística, dependendo do caso, pode ser umedecida para facilitar a sua deglutição.[3]

Orientações à prática do encontro

- Preparar a sala de encontro com objetos que façam memória do tema do encontro.
- Convidar os catequizandos para rezarem a oração do Pai-Nosso sentados. Este gesto conduzirá todos os catequizandos a entrarem em unidade com o colega com paralisia cerebral, a qual pode ser leve, severa ou moderada, uma vez que ele estará possivelmente na cadeira de rodas, deixando-os todos na mesma situação.

[3] Para maiores esclarecimentos, sugerimos a leitura de Neusa Maria. *Filhos especiais para pessoas especiais*: o milagre do dia a dia. São Paulo: Paulinas, 2006.

- Pedir aos catequizandos para organizarem-se em duplas ou trios, e conduzir o catequizando com paralisia cerebral até um grupo, se ele apresentar dificuldade de locomoção.

FILMES SOBRE A PARALISIA CEREBRAL

Meu pé esquerdo (1989); King Gimp (1999); Cordas (2014); Uma razão para viver (2017).

10. Síndrome de Rett

Orientações

A Síndrome de Rett é uma desordem do desenvolvimento neurológico relativamente rara, tendo sido reconhecida pelo mundo no início da década de 1980. A partir daí, diversos estudos já apontaram que pode ocorrer em qualquer grupo étnico com a mesma incidência, mas predomina no sexo feminino.[1]

Entre o final da década de 1950 e início da década de 1960, dois médicos europeus, em diferentes situações, começaram a reconhecer e a se interessar pelo quadro clínico de uma determinada condição (que mais tarde viria a ser conhecida como a Síndrome de Rett).

Um deles foi o Dr. Andreas Rett, médico pediatra vienense (Áustria), que identificou algumas crianças do sexo feminino que apresentavam um padrão peculiar de expressão do desenvolvimento neurológico após um período de desenvolvimento aparentemente comum durante a primeira infância. Essas meninas apresentavam desaceleração do perímetro cefálico e perda do uso funcional das mãos (apraxia manual) e de habilidades comunicativas (incluindo linguagem e interação social); todas desenvolviam movimentos manuais estereotipados incomuns (como bater ou esfregar as mãos, ou levá-las e batê-las na boca).

Através destas observações registradas, o Dr. Andreas Rett viajou por toda a Europa e participou de vários encontros científicos, cujo objetivo era despertar o interesse da comunidade científica para as suas observações e descobrir junto a outros médicos se tinham pacientes com características clínicas similares às que ele havia observado.

---

[1] Disponível em: <http://www.abrete.org.br>. Acesso em: 30/09/14.

Grande parte da produção científica do Dr. Andréas Rett foi escrita em alemão e publicada em periódicos médicos locais de Viena. Sua única produção em língua inglesa foi publicada em um Manual de Neurologia Clínica, em que ele ainda associava a desordem que havia observado com a presença de hiperamonemia.[2]

Aproximadamente nessa mesma época, outro médico pediatra chamado Bengt Hagberg (Göteborg, Suécia) também começava a observar meninas que apresentavam padrões comportamentais muito similares. Dr. Hagberg documentou os seus casos, mas preferiu incluí-las num grande grupo de crianças com deficiência mental e motora não específica.

No final da década de 1970, Andreas Rett e Bengt Hagberg encontraram-se no Canadá. Houve, então, o primeiro relato em língua inglesa divulgado para a comunidade científica e publicado em 1983 no periódico *Annals of Neurology*. Com isso, a Síndrome de Rett passou a ser diagnosticada de maneira ampla em todo o território dos Estados Unidos, acarretando o interesse do Instituto Nacional de Saúde em apoiar programas de pesquisa envolvendo essa síndrome e a criação da primeira associação de pais e interessados na condição, a IRSA – *International Rett Syndrome Association*, da qual os esforços possibilitaram pesquisas sobre a síndrome.

No Brasil, os primeiros casos de Síndrome de Rett foram publicados pelo Dr. Sérgio Rosenberg e sua equipe da Santa Casa de São Paulo, em 1986, e em 1990 foi fundada a Associação Brasileira de Síndrome de Rett no Rio de Janeiro.

Ainda que a maioria dos quadros dessa síndrome manifeste-se em meninas, vários casos de meninos com essas características foram relatados na literatura científica.

Como agir com o catequizando com Síndrome de Rett

A adaptação dos encontros deve concentrar-se no preparo dos conteúdos através de plaquinhas com desenhos e palavras para facilitar a comunicação. São poucas as crianças com este

[2] Excesso de amônia no sangue.

diagnóstico que chegam à alfabetização, pois possuem *déficit* cognitivo acentuado.

A família do catequizando com Síndrome de Rett deve auxiliar o catequista, reforçando em casa os conteúdos assimilados nos encontros. E é essencial leva-lo à missa aos domingos após ter recebido a Primeira Eucaristia, para que assim, de maneira concreta, ele se familiarize com a Eucaristia.

É importante, neste caso, que ocorra com frequência o acompanhamento pessoal do pároco junto à equipe catequética.

ORIENTAÇÕES PRÁTICAS PARA CADA ENCONTRO

- Em cada encontro deve ser entregue aos catequizandos um desenho relacionado ao tema, para assimilarem o conteúdo.
- Elaborar os encontros de modo que os catequizandos participem ativamente do momento de reflexão sobre cada tema. Quanto mais exemplos concretos existirem no encontro – de preferência relacionados à realidade do catequizando com Síndrome de Rett –, mais fácil será a assimilação do conteúdo.
- A oração do livro pode ser ouvida em CD ou pronunciada por toda a sala.

FILME QUE ABORDA A SÍNDROME DE RETT

Uma lição de amor (2001).

11. Síndrome de Savant

Orientações

Síndrome de Savant é uma condição rara, notável em pessoas com deficiência de desenvolvimento, mas não limitadas ao autismo nem a outros distúrbios do sistema nervoso central ou a doença, têm algumas "ilhas de gênio" espetaculares que se interpõem às limitações globais. A condição pode estar presente desde o nascimento e evidente na primeira infância (congênita) ou desenvolver-se mais tarde, após uma lesão ou doença do sistema nervoso central (adquirida). Ela afeta o sexo masculino de 4 a 6 vezes mais frequentemente do que o sexo feminino.

As habilidades "savants", presentes também em algumas pessoas autistas, estão associadas às funções do hemisfério direito do cérebro, que incluem música, arte, matemática, cálculo, entre outras. São geralmente individuais, mas podem ser também múltiplas. Outras habilidades ocorrem com menos frequência, incluindo a de linguagem (poliglotismo), discriminação sensorial incomum, atletismo ou conhecimento excelente em domínios específicos como neurofisiologia, estatística, navegação ou computação, por exemplo. Contudo, seja qual for tal aptidão, está sempre associada à memória de um hábito ou processo muito específico, dentro dos limites da habilidade especial.

Em contrapartida, as características negativas presentes nas pessoas com a síndrome de Savant incluem dificuldade de se relacionar socialmente, resistência aos métodos de ensino, problemas em expressar necessidades e habilidades motoras irregulares. Todavia, há tratamento para minimizar tais dificuldades, através de terapia ocupacional, fonoaudiologia e hipoterapia.[1]

O diagnóstico desta condição não é feito de maneira simples e é muito confundido com o autismo, embora um savant não seja um autista, e vice-versa. De acordo com um relatório de 2015, existem mais de 300 casos conhecidos no mundo inteiro.[2]

Como agir com o catequizando com Síndrome de Savant

Como as crianças com esta síndrome possuem resistência aos métodos de ensino tradicionais, é essencial que os encontros sejam criativos, com a utilização de músicas, filmes e recursos audiovisuais, tais como *slides* feitos no *Power Point,* para projeção de figuras bíblicas. A finalidade é prender a atenção delas e, dessa forma, facilitar a compreensão dos conteúdos.

A família precisa auxiliar o catequista nessa tarefa, reforçando os conteúdos assimilados na sala de encontros.

Orientações práticas para cada encontro

- Elaborar cartazes com figuras relacionadas a cada tema dos encontros.
- Conversar com os catequizandos sobre o momento em que irá acontecer a oração. Convidá-los a fazerem uma roda, darem as mãos e fecharem os olhos. Estas atitudes ajudarão o catequizando com Síndrome de Savant a entrar no clima da oração, já que necessita de gestos para assimilar o conteúdo.
- Perguntar para os catequizandos o que entenderam sobre cada tema. Caso o catequizando com Síndrome de Savant fique em silêncio, respeitar esse momento e prosseguir o en-

---

[1] Hipoterapia é a utilização do cavalo para realizar atividades terapêuticas em pessoas com deficiência. Tem por objetivo ajudar a desenvolver capacidades físicas e psicológicas, através da relação com o cavalo. Esta prática proporciona uma melhor integração e socialização na sociedade e melhoria na qualidade de vida.

[2] Disponível em: <https://www.wisconsinmedicalsociety.org/publications/archives/medigram-archives/2015-archive/medigram-august-13-2015/wmj-new-registry-identifies-more-than-300-savants-worldwide/>. Acesso em: 29/09/15.

contro, uma vez que pode ser sinal de que ele não está com vontade de responder o que lhe foi perguntado, e não necessariamente que não tenha entendido o tema.

- Todos os momentos devem ser ricos na apresentação de objetos que proporcionem uma ambientação litúrgica. Por exemplo: toalhas, velas, Bíblia etc., para que o encontro se torne celebrativo e esse catequizando compreenda o que está acontecendo ao seu redor.

Filme sobre a Síndrome de Savant

Rain Man (1989).

12. Transtorno de Déficit de Atenção e Hiperatividade (TDAH)

O Transtorno de Déficit de Atenção e Hiperatividade (TDAH) é o nome dado a uma síndrome neurobiológica que faz com que a pessoa tenha dificuldade de controlar o próprio comportamento,[1] de se concentrar e de manter a atenção em um objetivo, para discriminar, compreender e assimilar o foco central de um estímulo. Esse estado de concentração é fundamental para que, através do discernimento e da elaboração do ensino, possa completar-se a fixação do aprendizado.

As principais manifestações do TDAH são:[2]

- *Hiperatividade:* a pessoa se movimenta em excesso e costuma falar muito.
- *Impulsividade:* a pessoa toma atitudes sem pensar, o que faz com que interrompa as conversas porque não consegue esperar seu momento para falar.
- *Déficit ou falta de atenção:* a pessoa se distrai com muita facilidade e apresenta dificuldade para se concentrar e terminar as tarefas, inclusive aquelas que exigem mais atenção. Perde ou esquece objetos e frequentemente não consegue se organizar.

Descoberta do transtorno

O TDAH foi descrito pela primeira vez em 1798 pelo médico e autor escocês Alexander Crichton. Ele observou que a incapacidade de prestar atenção com um grau necessário de constância a qualquer objeto quase sempre surge de uma sensibilidade anormal

---

1 Cf. SANS FITÓ, Anna. *Por que é tão difícil aprender?*, p. 50.

2 Disponível em: <http://desligadohiperativo.blogspot.com.br/2010/04/breve-historia-do-tdah.html>. Acesso em: 01/04/2014.

ou mórbida dos nervos, o que significa que esta capacidade (de manter a atenção em um só objeto) é continuamente retirada de uma impressão para outra (querendo apontar a tendência à distração, à mudança constante de foco). Pode ter nascido com uma pessoa ou ser efeito de doenças acidentais.

Os estudos de Crichton foram além e abordaram também as dificuldades que as crianças com esta condição tinham na escola. Ele sugeriu que os professores passassem a ser mais observadores na sala de aula, percebendo algumas características comuns a alguns alunos – possíveis portadores do transtorno – durante aulas de gramática grega e do latim, que costumavam ser monótonas e aumentavam a tendência à distração. Ele afirmou que nem o medo de apanhar de vara (punição comum em salas de aula na época, caso o aluno faltasse com respeito ao professor) nem qualquer outro tipo de punição eram suficientes para que estes alunos prestassem atenção.

O trabalho de Crichton estava há quase dois séculos à frente de seu tempo, ao descrever com sucesso as características mais salientes deste transtorno, incluindo a desatenção, a inquietação, o início precoce e como este quadro afeta o processo educacional. Suas observações sobre o que agora é conhecido como a desatenção são quase completamente consistentes com os critérios deste transtorno usados hoje em dia e descritos no atual manual diagnóstico e estatístico dos transtornos mentais.

Hiperatividade

As pessoas hiperativas foram, ao longo dos anos, qualificadas de várias maneiras. Em 1980, o manual de diagnóstico da Associação Americana de Psiquiatria tornou oficial o termo "Transtorno de Déficit de Atenção" e, em 1984, acresceu a ele a palavra hiperatividade.

Refere-se à atividade psicomotora excessiva, com padrões diferenciais de sintomas. A criança ou o jovem hiperativo com comportamento impulsivo é aquele que fala sem parar e nunca espera sua vez, interrompendo e atropelando tudo e todos. Porque age sem pensar e sem medir consequências, está sempre envolvido em pequenos acidentes, com escoriações, hematomas, cortes.[3]

O cérebro das pessoas hiperativas trabalha mais rápido do que de pessoas comuns e está sempre em atividade. Por isso, os hiperativos têm certa dificuldade em recordar o que estavam fazendo alguns segundos atrás, quando são interrompidos.

A causa da hiperatividade é uma lesão cerebral no córtex pré-frontal, ocorrida no parto ou durante o desenvolvimento do feto na gravidez. A hereditariedade traz uma predisposição que auxilia no desenvolvimento deste distúrbio.[4]

Um segundo tipo de hiperatividade tem como característica principal a dificuldade de atenção. É uma superestimulação nervosa que leva o jovem ou a criança a passar de um estímulo a outro, sem conseguir focar a atenção em um único tópico. Assim, dá a falsa impressão de que é desligado, mas, ao contrário, é por estar ligado em tudo, ao mesmo tempo, que não consegue concentrar-se em um único estímulo, ignorando os outros estímulos.

Como agir com o catequizando com TDAH

Todos os encontros para o catequizando com TDAH devem ser ricos em figuras, para que prendam sua atenção e, dessa forma, facilitem a compreensão dos conteúdos. O catequista pode usar a criatividade e elaborar jogos sobre a Bíblia, passatempos bíblicos e imagem bíblicas para colorir, relacionadas ao tema do encontro.

Sugestões para o catequista atrair a atenção dos catequizando com TDAH:

- Fazer uma pergunta interessante sobre o tema do encontro e mostrar uma figura correspondente, contando uma pequena história ou narrando um fato relacionado ao cotidiano, para gerar discussão e interesse para o próximo encontro.
- Criar jogos sobre a Bíblia, relacionados aos temas dos encon-

---

[3] Sugerimos a leitura complementar de: SANS FITÓ, Anna. *Por que é tão difícil aprender?*, p. 49-114.

[4] Disponível em: <http://hiperatividade.pt/causas-da-hiperatividade/>. Acesso em: 02/12/15.

tros, para chamar a atenção e estimular o interesse dos catequizandos.

- Fazer uma "surpresa", levando para a sala de encontro um objeto relevante ao tema do dia. Esta é uma maneira de gerar especulação, conduzindo o catequizando a discussões e atividades escritas.
- Demonstrar sempre animação e entusiasmo sobre o tema do próximo encontro, para motivar os catequizandos a manterem a atenção.

Orientações práticas para cada encontro

- Preparar a sala de encontro com muitas imagens, fixadas em cartazes, ou elaborá-las em *slides* no *Power Point*.
- Convidar em cada encontro um catequizando diferente para iniciar a oração, que pode ser espontânea, e, logo em seguida, concluí-la de modo conjunto.
- Incentivar o catequizando com TDAH a refletir em casa, junto aos familiares, o que aprendeu na catequese e quais ações foi motivado a realizar.

Filmes sobre TDAH

August Rush (O som do coração) (2007); Meu nome é Rádio (2003).

13. Deficiência visual

A deficiência visual é definida como a perda total, parcial, congênita ou adquirida da visão.[1] De acordo com os critérios estabelecidos pela Organização Mundial da Saúde (OMS), os diferentes graus de deficiência visual podem ser classificados em:

- *Baixa visão (leve, moderada ou profunda):* compensada com o uso de lentes de aumento, lupas, telescópios, com o auxílio de bengalas e de treinamentos de orientação.
- *Próximo à cegueira:* quando a pessoa ainda é capaz de distinguir luz e sombra, mas já emprega o sistema Braille para ler e escrever, usa recursos de voz para acessar programas de computador, locomove-se com a bengala e precisa de treinamentos de orientação e de mobilidade.
- *Cegueira:* quando não existe nenhuma percepção de luz. O sistema Braille, a bengala e os treinamentos de orientação e de mobilidade, neste caso, são fundamentais.

O diagnóstico de deficiência visual pode ser feito muito cedo, exceto nos casos de doenças degenerativas como a catarata e o glaucoma, que evoluem com o passar dos anos.

Como agir com o catequizando com deficiência visual

A catequista deve recomendar aos pais e responsáveis que busquem fazer o exame de acuidade visual das crianças sempre que notarem comportamentos relacionados a dificuldades de leitura, dores de cabeça ou vista cansada durante os encontros.

Já para os catequizandos deficientes visuais, é preciso explicar as características e estilo dos elementos que há no interior da sala; há que compartilhar a organização dos objetos, com a

[1] Disponível em: <http://www.fundacaodorina.org.br>. Acesso em: 01/12/15.

finalidade de facilitar o acesso e a mobilidade. Manter móveis e mochilas sempre na mesma ordem, comunicando previamente alterações, e sinalizar os objetos para que sejam facilmente reconhecidos. Havendo a necessidade de conduzi-los, sempre oferecer o braço para que possam segurá-lo e caminhar à frente deles em um ritmo no qual se sintam seguros (nem rápido nem devagar demais). E jamais segurá-los no braço para conduzi-los, pois isto os deixa inseguros.

Ao se exibir um filme, há que se descrever as imagens em detalhes, assim como todos os personagens para que possa acompanhar e compreender melhor. Deve-se orientar a sala sobre o motivo pelo qual será feita a descrição e solicitar que permaneçam em silêncio. Em seguida, perguntar o que entenderam sobre o filme.

Lembrando sempre que o apoio da família é muito importante para que o deficiente visual sinta-se motivado a compartilhar o que aprendeu.

Imagem da Santa Ceia adaptada com agulha e isopor para o catequizando com deficiência visual.

Procedimento para confecção da Santa Ceia adaptada

1º Com a placa de isopor posicionada embaixo da figura, o catequista perfura todo o seu contorno com uma agulha de costura.

2º Em seguida, vira a figura ao contrário, perfurando-a novamente, agora pelo verso, acompanhando o pontilhado já existente. O deficiente fará a leitura visual acompanhando o pontilhado do verso.

Orientações práticas de cada encontro

- Descrever como o ambiente está organizado: como estão dispostas as cadeiras, quais objetos e símbolos estão sobre a mesa e como serão utilizados durante o encontro.
- Todas as ilustrações e imagens devem ser adaptadas, seguidas de descrição. Por exemplo: o vaso com folhagem deve ser descrito em detalhes, como a cor do vaso e o tipo de folhagem. Igualmente, o filme exibido deverá ser seguido de descrição das cenas e dos personagens. Orientar a sala sobre o motivo pelo qual será feita a descrição e solicite aos outros catequizandos que permaneçam em silêncio. Em seguida, perguntar o que entenderam sobre o filme.
- Incentivar os pais dos catequizandos com deficiência que assistam também ao filme em casa e conversem sobre detalhes de cada cena, descrevendo as imagens.
- Proporcionar um momento celebrativo, convidando todos os catequizandos a darem as mãos e, em seguida, formarem duplas, para que cada um reze pelo seu colega. Explicar para o catequizando com deficiência visual o que está acontecendo.
- Realizar junto com o catequizando com deficiência visual os gestos, de modo que ele possa compreender o que manifestam. Descrever como determinado gesto acontece, como um sinal é realizado; por exemplo, o *sinal da cruz*, explicar cada etapa dele: "Em nome do Pai, do Filho e do Espírito Santo, com a mão direita na testa, no peito e em cada ombro", e como vai sendo aos poucos aprendido e interiorizado, tornando-se parte da identidade da pessoa.
- Formar círculos ou duplas, por exemplo, favorece a integração entre as pessoas. No caso de um círculo, a pessoa com deficiência visual poderá contornar toda a extensão do círculo (do início ao fim) tocando nas mãos das pessoas.
- O catequizando com deficiência visual "enxerga" através da saliência dos pontos, pelo tato das pontas dos dedos, ou seja, é através de cada pontinho que conhece cada letra e imagem.

Sendo assim, quanto mais rico for o encontro em experiências táteis, mais fácil assimilará o tema.

Filmes que abordam a deficiência visual

Além dos meus olhos (1987); À primeira vista (1999); *Blink*: num piscar de olhos (1994); Castelos de gelo (1978); Dançando no escuro (2000); E aí, meu irmão, cadê você (2000); Imagens do paraíso (2016); Janela da alma (2001); Liberdade para as borboletas (1972); O sino de Anya (1999); Perfume de mulher (1992).

14. Hidrocefalia

A hidrocefalia é o aumento anormal do fluido cefalorraquidiano (LCR) dentro da cavidade craniana, acompanhado de expansão dos ventrículos cerebrais, alargamento ósseo, sobretudo da testa, e atrofia encefálica.[1]

O objetivo do LCR é proteger os elementos do sistema nervoso (cérebro e medula espinhal), atuando como amortizador contra golpes e transportando as substâncias necessárias para o seu funcionamento. Contudo, quando em desequilíbrio, causa tanto problemas físicos – deficiência mental e visual, convulsões, puberdade precoce, tamanho da cabeça maior que o normal etc.– quanto comportamentais – problemas de aprendizagem, concentração, raciocínio lógico, memória de curto prazo, coordenação, organização, motivação, e dificuldades de localização têmporo-espacial.[2]

Orientações práticas para cada encontro

- Preparar a sala com objetos que comuniquem ao catequizando o tema de cada encontro.
- Convidar os catequizandos a formarem um círculo e fecharem os olhos para o momento de oração.
- Conversar com os catequizandos sobre o tema de cada encontro. Para facilitar o entendimento do catequizando com hidrocefalia, apresentar neste momento uma figura que faça memória do assunto do encontro.
- Utilizar imagens do *Power Point* ou filmes relacionados aos temas dos encontros.

---

1 *Dicionário eletrônico Houaiss da língua portuguesa.*

2 Disponível em: <http://neurocirurgia.com/content/hidrocefalia>.

- Pedir diretamente ao catequizando com hidrocefalia que fale aos seus colegas sobre o que entendeu do tema do encontro.
- Propor uma vivência. Por exemplo, no Encontro 17 – "A Virgem esperou com amor de mãe", convidar uma mulher grávida para interagir com os catequizandos sobre o tema do encontro.
- Fazer um círculo com os catequizandos e convidá-los a darem as mãos e, silenciosamente, ouvir com atenção sobre a reflexão que será feita sobre o tema do encontro.

15. Síndrome de Williams-Beuren

Orientações

Descrita pelo cardiologista neozelandês John C. P. Williams, em 1961, e pelo alemão A. J. Beuren, em 1962, a Síndrome de Williams-Beuren é uma desordem genética do cromossomo 7 que atinge aproximadamente uma a cada 10 mil pessoas em todo o mundo, de ambos os sexos.[1] Seus principais sinais e sintomas são: alteração cardíaca, conhecida como estenose valvar supra-aórtica (EVSA); aumento do volume da região das pálpebras; nariz com ponta arrebitada; lábios grossos; problemas cardíacos; dificuldade de alimentação nos primeiros meses de vida; atraso de desenvolvimento neuromotor e deficiência intelectual; atraso de crescimento, com baixa estatura na idade adulta; aumento do nível de cálcio no sangue; íris com padrão de estrela; ausência de alguns dentes ou dentes pequenos; voz rouca; personalidade amigável; aumento da sensibilidade ao som.

Como agir com o catequizando com Síndrome de Williams-Beuren

As crianças com Síndrome de Williams-Beuren são muito sociáveis, ansiosas, têm boa memória e sensibilidade auditiva. Sendo assim, o catequista deve prestar mais atenção às atividades musicais, adaptando-as aos temas de cada encontro, e aos filmes. Desta maneira elas aprenderão com mais facilidade o conteúdo.

O catequista deve incentivar positivamente o catequizando com Síndrome de Williams-Beuren para que se sinta motivado a frequentar os encontros de catequese.

---

[1] Disponível em: <http://www.minhavida.com.br/saude/temas/sindrome-de-williams>. Acesso em: 31/01/16.

Orientações práticas de cada encontro

- Preparar a sala com música ambiente, a qual deve reportar o catequizando com Síndrome de Williams-Beuren a cada tema dos encontros. As orações também podem ser feitas utilizando-se música.
- Conversar com esse catequizando sobre o tema e o que entendeu dele e, em seguida, pedir a todos para fazerem um desenho a respeito.
- Por fim, pedir que todos fechem os olhos para ouvir com atenção a reflexão sobre o tema do encontro.

Filmes sobre a Síndrome de Williams-Beuren

Gabriele (2013); Tempo de despertar (1990); Embraceable (2011).

Parte III

Encontros adaptados

16. Adaptação dos encontros

Após a completa leitura do encontro de catequese no livro *Iniciação à vida cristã: Eucaristia. Livro do catequista,* organizado pelo NUCAP, é que se compreendem as propostas a seguir para alguns encontros (nem todos os encontros possuem propostas). Inicialmente há sugestões pedagógicas comuns para as várias deficiências. Depois indicamos cuidados específicos de acordo com a deficiência. Os catequizandos com deficiência, seja qual for, também utilizarão, como os colegas, o *Livro do catequizando.*

1º ENCONTRO – QUAL É A NOSSA IDENTIDADE?

Acolher os catequizandos, chamando-os pelo nome.

Este encontro deve ser rico em figuras de Jesus de vários tamanhos e em vários momentos de sua vida pública. Com a pergunta: "Você já conversou com Deus hoje?", questionar o catequizando com deficiência, ouvir sua resposta e, depois, continuar o encontro escutando a resposta dos demais.

Ao dirigir esta pergunta ao catequizando com *paralisia cerebral,* seja *leve, severa* ou *moderada,* considere que ele irá se comunicar de acordo com a condição que a paralisia lhe permitir. Se for severa, o sorriso será sua resposta; no caso de moderada, responderá com um sorriso, gesticulando a cabeça ou as mãos; e se for leve, a resposta será através da articulação das palavras.

Na pergunta: "Será que você já o conhece?", escutar do catequizando com deficiência se já ouviu falar de Jesus e o que sabe sobre ele. Explique, então, que Jesus está em cada um de nós e nos dá força para viver o que Deus quer de nós.

Concluir afirmando que cada um, assim como é, pode ir e voltar ao grupo melhor a cada dia. Motivar os catequizandos a interagirem, de forma que expressem em suas falas o que aprenderam.

Convidar todos os catequizandos a perguntarem o nome uns dos outros e, em seguida, rezar o Pai-Nosso com as crianças e comentar sobre a história do "menino muito especial".

Faça a dinâmica da caixa que está indicada no livro. Em seguida, de maneira carinhosa, convide os catequizandos a olharem em volta para ver quem está ao seu lado. Nesse momento, chame o catequizando com deficiência pelo nome, convide-o a olhar a sua volta e diga-lhe que Deus o ama muito. Afirme para o grupo que todos são muito bonitos e inteligentes, e que Deus precisa de todos os catequizandos.

Será importante explicar de maneira repetida sobre o sinal da cruz, para que assimilem como se faz.

Para o catequizando com *Síndrome de Rett,* preparar plaquinhas sobre o sinal da cruz. Quanto mais ilustrado o encontro, mais fácil compreenderá. Recomende para a família deste catequizando que em casa faça um cartaz com imagens de pessoas traçando sobre si o sinal da cruz.

Para a família do catequizando *com autismo ou com Transtorno de Asperger,* recomendar que façam juntos o sinal da cruz.

Para o catequizando com *deficiência visual,* descrever em detalhes cada objeto presente no encontro, incentivando-o a tocá-los com a ponta dos dedos. Exemplo: descrever a cor de uma bola, os detalhes que existem nela etc., e dar para ele segurar. Traçar com ele o sinal da cruz, orientando sua mão, para que aprenda que este sinal se faz com a mão direita. Incentivar que a família repita este gesto em casa com ele.

O catequizando com *Síndrome de Down* assimilará o encontro através de imagens de Jesus. Pedir à família, em casa, que *assinale o sinal da cruz várias vezes, para ele assimilar o gesto.*

2º ENCONTRO – SOMOS COMUNIDADE

Este encontro deve ser de muita troca de experiências entre as crianças e o catequista. Conversar com os catequizandos e dizer-lhes que Deus ama cada um assim como é. E cada um tem suas diferenças. Aqui se deve elencar a cor dos olhos, dos cabelos, os diferentes tamanhos dos catequizandos etc., e afirmar que são essas diferenças que tornam a sala de encontros de catequese tão bonita e unida.

É importante o catequista lembrar-lhes de que, diante de Deus, somos todos irmãos e de que todos somos amados por Jesus. Logo depois, citar o Evangelho segundo Mateus 19,13-15.

Dizer o nome de cada catequizando em voz alta, para todos se sintam acolhidos, e pedir que façam uma roda com todos e rezem por todas as pessoas da família, pelos vizinhos, pelos professores e amigos, e também pelas crianças com algum tipo de deficiência e por aquelas que ainda não vão à comunidade.

Convidar para este encontro um membro de uma equipe pastoral. O objetivo é apresentar aos catequizandos as pastorais existentes na paróquia e quem são seus membros.

Para o catequizando com *Síndrome de Rett,* elaborar plaquinhas sobre a leitura de Mateus 19,13-15. Em casa, a família deve procurar imagens que façam memória desta leitura.

3º ENCONTRO – VEM E VÊ

O catequista deve levar à sala de encontro uma pedra para utilizá-la como exemplo, ao citar a mudança de nome que Jesus fez a Simão Pedro. Depois, convidar o catequizando com deficiência a dizer o que sabe sobre Jesus, afirmando que ele quer conhecê-lo e o chamou pelo nome. A seguir, conversar com os demais catequizandos sobre Jesus, quem ele é, seu modo de viver e os acontecimentos importantes de sua vida. Na vida de cada um, frequentar a catequese marca o início do seguimento de Jesus, que é o amigo que ilumina nossa vida, assim como a lâmpada acesa ilumina nosso lugar de encontros. É interessante o catequista também distribuir velas e acendê-las, e enfeitar o ambiente com muitas figuras sobre os acontecimentos da vida de Jesus.

Em relação ao catequizando *com autismo ou com Transtorno de Asperger,* o catequista deve tomar cuidado em utilizar esta afirmação figurada sobre Jesus, pois para ele a expressão "Jesus ilumina a vida" é muito complexa, pois o que ilumina, na sua concepção, é apenas a lâmpada. Perguntar e esperar que ele responda se já pensou que Jesus chama a cada um. Logo em seguida perguntar: "Quer conhecer a maneira de viver de Jesus?". Depois, recordar a hora e o lugar dos acontecimentos importantes da vida de Jesus. Em casa, a família deve reforçar o que ele aprendeu na catequese, perguntando o que o catequista ensinou.

Ao utilizar a pedra, no caso do catequizando com *deficiência visual,* o catequista diz em voz alta o que há no chão, para que ele localize-se no local do encontro; essa pedra será colocada em sua mão. Já as imagens sobre os acontecimentos da vida de Jesus, devem ser adaptadas em alto-relevo e descritas detalhadamente. Antes de distribuir as velas, perguntar se ele conhece uma vela e descrevê-la em detalhes, desde sua cor branca até a cor do fogo. Fazer o mesmo com a lâmpada. A família, por sua vez, em união com o catequista, deve comentar sobre os objetos apresentados em sala, citando outros exemplos de tamanhos de velas. E se na casa houver uma imagem de Jesus, a família deve entregá-la ao catequizando, para ele "ver" Jesus através do tato.

4º ENCONTRO – O REINO DE DEUS CHEGOU

Durante a acolhida, o catequista deve perguntar ao catequizando com deficiência o seu nome, o que mais gosta de fazer e se sabe o que vai aprender na catequese; depois, convidá-lo para participar do encontro com o grupo.

Para o catequizando com *Síndrome de Down,* apresentar-lhe figuras com a imagem de pessoas ajudando umas às outras, de ações solidárias ou de pessoas que dedicaram sua vida à promoção da justiça; ou então entregar uma revista na mão dele e pedir para procurar tais figuras e ajudar a espalhá-las no chão, formando um caminho. Em seguida, comentar com ele a respeito do posicionamento dessas imagens, conduzindo-o até elas – desde a porta de entrada até o centro da sala. No centro, pedir para ele colocar a Bíblia aberta.

Na leitura bíblica de Lucas 4,14-21, além do que prevê a atividade do livro, escolher uma frase como resumo da leitura, para memorização e apresentação de imagens (lembrando sempre que, neste encontro, o catequista deve apresentar imagens referentes aos versículos 18 e 19).

Motivar os catequizandos a ajudarem os amigos na escola durante a semana, e em casa a família nos afazeres domésticos.

Avisá-los de que na semana seguinte será entregue uma folha para cada um deles em que deverão desenhar a experiência de ajudar o próximo.

De mãos dadas, convidar todos os catequizandos para rezarem juntos a oração do Pai-Nosso. Comentar que esta foi a oração que Jesus ensinou aos seus discípulos.

A família do catequizando com *Síndrome de Down* deve repetir várias vezes durante a semana o assunto abordado na catequese.

Na leitura bíblica de Lucas 4,14-21, convidar o catequizando com *Síndrome de Rett* para observar bem o sentido de cada frase. Fazer um momento de silêncio para refletir sobre o que foi lido.

Para o catequizando com *deficiência visual,* as figuras devem ser todas adaptadas em alto-relevo (conforme explicado no capítulo 13), seguidas de descrição detalhada da imagem. Entregar-lhe também as figuras em alto-relevo de ações solidárias, seguidas de descrição. As figuras espalhadas no chão, formando um caminho, devem ser seguidas de orientação do catequista sobre este caminho e torná-lo ciente do que há no chão, para não escorregar e se machucar. Em seguida, comentar a respeito do posicionamento dessas imagens, conduzindo-o ao longo delas – desde a porta de entrada até o centro da sala. No centro, colocar a Bíblia aberta e dizer qual é a passagem que está ali.

Convidar os demais colegas para fecharem os olhos, em unidade com o colega com deficiência, e visualizarem a leitura que foi realizada. Em seguida, ainda em silêncio, pedir para abrirem os olhos e fazerem um desenho sobre o que ouviram. Dessa forma, todos assimilarão de maneira concreta o conteúdo da leitura bíblica.

Para o catequizando com *deficiência visual* será entregue massinha de modelar para ele expressar sua ajuda ao próximo. E a família dele deve adaptar algumas imagens sobre o tema abordado na catequese, usando a técnica do alto-relevo, que deve ser ensinada pelo catequista.

5º ENCONTRO – O PARALÍTICO É CURADO

O catequista deve conduzir os catequizandos para um lugar ao ar livre, onde aprenderão sobre as curas realizadas por Jesus entre cegos, epiléticos, paralíticos e muitos que sofriam de doenças incuráveis naquela época, tal como a lepra. Tais curas sinalizam a chegada do Reino de vida entre nós.

Em seguida, apresentar esta mensagem: "Vamos ter fé na pessoa dele, rezar sempre e tê-lo presente no coração. Porque o seu Reino já se faz presente em nosso meio e a doença e o pecado estão fora deste Reino". Posteriormente, pedir para o catequizando com deficiência, na medida do possível, dizer o que assimilou do encontro.

Depois, incentivar cada catequizando a impor as mãos sobre um colega, pedindo para que Deus o abençoe, e, em seguida, impor as mãos sobre todos, sem dizer nada, fazendo a oração em silêncio, motivando-os a rezarem pelas pessoas doentes e deficientes que conheçam. Enfatizar a importância da amizade com as crianças com deficiência, comentando que todos são iguais diante de Deus e não deve existir nenhum tipo de preconceito, entre eles, devido a cor, estatura, tipo físico, gênero.

Por fim, convidar o padre da paróquia onde acontecem os encontros de catequese para abençoar os catequizandos.

6º ENCONTRO – ZAQUEU: O ENCONTRO COM JESUS

Neste encontro, o catequista deve conduzir os catequizandos para debaixo de alguma árvore e convidá-los a sentarem-se no chão. Logo em seguida, explicar quem foi Zaqueu e como subiu em uma árvore para ver Jesus devido a sua baixa estatura. Fazer um paralelo entre Zaqueu e eles, questionando como cada um reagiria se Jesus dissesse que iria ficar na sua casa. Ouvir os comentários.

A adaptação feita para um catequizando com *paralisia cerebral severa* é através de figuras, apresentadas seja em *Power Point*, seja em cartazes.

Para o *deficiente visual*, tanto as imagens dos *slides* quanto dos cartazes devem ser descritas em detalhes, por exemplo, a cor das folhas das árvores, do céu, a estatura dos personagens, a cor dos seus olhos, do cabelo etc., até as particularidades de cada cena.[2]

Comentar com todos os catequizandos que cada um está fazendo como Zaqueu, ou seja, frequentando os encontros de catequese para irem ao encontro de Jesus.

7º ENCONTRO – DEUS FEZ ESTE MUNDO TÃO GRANDE E TÃO BONITO

O catequista deve conversar com os catequizandos sobre preservação ambiental, como responsabilidade de todos e o que se pode fazer para ajudar. Depois de ler a citação bíblica de Gn 1,1-25 – relato da criação: "Deus viu que tudo era bom", e comentar, pedir para eles desenharem algum elemento da natureza em uma folha de papel. A partir daí, a oração será feita com base no desenho feito por cada um. Desta forma, o entendimento da oração pelo catequizando com deficiência será maior. Por fim, solicitar aos catequizandos que falem em voz alta o que compreenderam da leitura bíblica.

---

[2] Supomos que este catequizando já tenha aprendido as cores e tido experiência com cada uma delas.

Se houver um catequizando com *Síndrome de Down, Síndrome de Rett* ou *Síndrome de Savant,* arrumar a sala de encontro com cartazes contendo figuras da natureza. No caso de *paralisia cerebral,* o melhor seria trabalhar os conteúdos em um lugar ao ar livre, como também para o *deficiente visual,* a quem deve ser descrito em detalhes cada elemento presente no encontro. Por exemplo, se houver uma flor no ambiente, dizer o seu nome, sua cor, como ela é; o mesmo vale para os frutos, a terra, a água. E, se possível, deixar esse catequizando tocar cada elemento. Além disso, preparar cartazes com figuras da natureza, adaptadas em alto-relevo, e descrevê-las em detalhes.

Para concluir, se possível, levar uma imagem de São Francisco de Assis, descrevê-la em detalhes e permitir que passe pela mão dos catequizandos.

8º encontro – Homem e mulher, imagem e semelhança de Deus

O catequista deve comentar com os catequizandos que na sala há meninos e meninas, e que todos são imagem e semelhança de Deus. Depois, pedir que façam uma roda e deem as mãos, e convidar o catequizando com deficiência para iniciar a oração. Após a oração, comentar que não deve existir nenhum tipo de preconceito entre meninos e meninas, devido a cor, estatura e tipo físico.

Em casa, as famílias dos catequizandos devem conversar com eles sobre amizade e afirmar que não se deve admitir nenhum preconceito dos amigos na escola e na catequese.

9º encontro – Afastar-se de Deus

O catequista deve projetar um filme sobre Caim e Abel aos catequizandos. Em seguida comentar sobre as cenas e os personagens e, em uma conversa descontraída com eles, explicar que o pecado é tudo aquilo que prejudica o outro e não agrada a Deus. Citar alguns exemplos de situações que fazem parte do cotidiano de cada um deles que se comparam a pecados. Por exemplo: brigar com o irmão em casa ou com os amigos na escola; desobedecer aos pais, familiares, professores e também ao catequista; ter preguiça de ir à missa e à catequese; pedir alguma coisa emprestada e não devolver, mentir etc.

Para o catequizando com *deficiência visual*, todas as imagens do filme devem ser descritas em detalhes, assim como todos os personagens.

10º ENCONTRO – DEUS CONTINUOU COM SEU POVO

O catequista deve projetar um filme sobre as doze tribos de Jacó e a antiga Aliança, sempre com o cuidado de descrever as imagens e os personagens para aqueles com *deficiência visual*; assim como o da aliança, que pode passar na mão de cada catequizando, a fim de que a conheçam de perto.

Para a celebração, porém, informar ao catequizando com deficiência que a levará na procissão, descrevendo também os outros elementos que também farão parte desta procissão, como o círio, a Bíblia, a cruz.

12º ENCONTRO – DEUS LIBERTOU SEU POVO

O catequista deve ilustrar de maneira concreta este tema, levando pão sírio ao encontro e partilhando-o no final com todos os catequizandos. O objetivo é fazê-los experimentarem o pão sem fermento consumido na época de Jesus, por ocasião da Páscoa.

Para o catequizando com *Síndrome de Down*, preparar *slides* relativos ao tema, para facilitar a assimilação do conteúdo, e plaquinhas com as leituras bíblicas indicadas no livro do catequista.

Para o catequizando com *paralisia cerebral*, perguntar à família se ele pode comer pão. Se puder, dilua um pequeno pedaço de pão na água para dar a ele.

Para o catequizando com *deficiência visual*, os cartazes ou *slides* devem ser descritos em detalhes, bem como os elementos presentes no encontro, como vaso, flores etc., detalhando como foi feito ou suas cores, por exemplo.

13º encontro – Aliança: mandamentos

Após explicar o que está escrito no Livro do Catequista, o catequista deve apresentar a imagem de cada mandamento e fixá-la no local de encontro, para os catequizandos assimilarem seu conteúdo durante a semana. Em casa, a família também deve buscar ilustrações que remetam aos mandamentos. Tais orientações podem ser utilizadas para qualquer deficiência, exceto para a *paralisia cerebral* e a *deficiência visual*.

Para o catequizando com *paralisia cerebral*, criar um varal com ilustrações de cada um dos mandamentos, explicando-lhe de acordo com o que está escrito no Livro do Catequista. O objetivo é tornar o ambiente rico em estímulos e facilitar a compreensão do tema. Depois, adaptar a dinâmica que também está no livro, de forma que esse catequizando se sinta acolhido; por isso, é recomendável omitir a "voltinha", os "três pulinhos" e o "empurrão no vizinho", uma vez que não ele tem coordenação motora para realizar estes movimentos.

Para o catequizando com *deficiência visual*, o catequista deve descrever as imagens de cada mandamento, fixadas na sala de encontro, para facilitar-lhe a assimilação, de acordo com o Livro do Catequista. Em seguida, conduzi-lo até ao lado de um amigo para conversarem sobre um fato atual que não esteja em consonância com um dos mandamentos. Pedir ainda à família que adapte as imagens relativas ao encontro em alto-relevo.

14º encontro – Deus preparou o povo para receber o Salvador

O catequista deve motivar os catequizandos a rezarem o Pai-Nosso de mãos dadas. Depois, projetar um filme sobre D. Helder Camara ou Ir. Dulce, para ilustrar o tema do encontro, e elaborar *slides* em *Power Point* para apresentar os profetas.

Para o catequizando com *deficiência visual*, a dinâmica do dominó, sugerida no Livro do Catequizando, deve ser adaptada em alto-relevo. É preciso avisá-lo que há um dominó montado no centro da sala e dizer qual a cor dele. Em detalhes, descrever cada peça. Passar o filme seguido de audiodescrição, que consiste em explicar a este catequizando, em detalhes, como é cada peça do dominó. Todas as imagens devem ser seguidas de descrição detalhada. Avisar que o guardanapo é branco.

15º encontro – Leitura orante – Vocação de Isaías

O catequista deve explicar para os catequizandos que, para ouvirem a voz de Deus, é necessário fazer silêncio, abaixar a cabeça e fechar os olhos. Depois, convidá-los para rezarem de mãos dadas pelo padre da paróquia, pelos catequistas da comunidade e pelos pais, que são os primeiros catequistas.

Deve explicar também à família quem foi Isaías, para em casa conversarem com os catequizandos sobre este profeta.

Para o catequizando com *deficiência visual,* elaborar um cartaz com a figura de um profeta em alto-relevo e descrevê-la. Apresentá-la a todos os catequizandos.

16º encontro – Liturgia da Palavra: "Éfeta"

Este encontro pode ser ilustrado através de um cartaz com imagens de Jesus curando o surdo em alto-relevo. Por meio dessas ilustrações que o catequizando com *deficiência visual* assimilará com proveito o conteúdo.

17º encontro – A Virgem esperou com amor de mãe

O catequizando com *deficiência visual* deverá tocar com a ponta dos dedos a imagem de Nossa Senhora. Para o catequizando com *deficiência auditiva,* o catequista deve providenciar um cartaz ou *slides* com a leitura bíblica de Lc 1,26-38, e outro com a oração da Ave-Maria, com muitas ilustrações.

Convidar os catequizandos a rezarem a oração da Ave-Maria de mãos dadas. Providenciar também a imagem de uma mulher grávida e perguntar para os catequizandos se já viram uma e se tocaram na barriga de alguém da família que estivesse grávida.

Este relato, rico em experiências concretas, facilita a assimilação do conteúdo.

18º encontro – João anunciou estar próximo o Reino

O catequista deve levar areia para este encontro e permitir que os catequizandos toquem nela. Através desta experiência tátil, os catequizandos com deficiência saberão como é o chão do deserto. Se possível, levar também um vidro com mel e imagens do gafanhoto e de João Batista, para os catequizandos visualizarem os alimentos consumidos por João Batista. Depois, projetar um filme sobre a vida de João Batista e convidar os catequizandos para anunciarem aos familiares e colegas o que estão aprendendo na catequese: "Convertei-vos, pois o Reino dos Céus está próximo" (Mt 3,1-2).

A família precisa motivar os filhos a contar o que aprenderam na catequese e, após ouvir os comentários, reforçar o aprendizado, comentando quem foi João Batista.

Para o catequizando com *deficiência visual*, descrever a areia, desde a cor até sua textura. Se possível, adaptar as figuras do gafanhoto e de João Batista em alto-relevo. E sua família deve comentar em detalhes como era João Batista, até sua roupa.

19º encontro – Nasceu o Salvador

O catequista deve motivar os catequizandos com deficiência a contar para os pais e colegas o que aprenderam sobre o nascimento de Jesus. No caso do *deficiência visual*, comentar o que há na sala, para que se sinta localizado, e descrever em detalhes o presépio, a cor e o tamanho das velas.

20º encontro – Jesus está pleno do Espírito

O catequista deve comentar sobre o Batismo com os catequizandos, que, no momento da oração, são convidados a lembrar do nome dos seus padrinhos e a rezar por eles. Incentivar para que perguntem para os pais o motivo da escolha dos padrinhos.

Projetar neste encontro um filme ou *slides*, que mostrem o Batismo e, depois, descrever em detalhes as imagens e os personagens. O objetivo é ajudar o catequizando com *deficiência visual*, que também deve ser esclarecido sobre cada um dos símbolos batismais, como, por exemplo, qual a cor da jarra ou bacia, tamanho etc.

21º encontro – Leitura orante – Quem é Jesus

O catequista deve apresentar imagens ou ilustrações de Jesus e, se possível, projetar também um filme.[3] Convidar os catequizandos para rezarem juntos a oração do Pai-Nosso, lembrando-lhes de que esta foi a oração que Jesus nos ensinou.

Orientar a família para que, em casa, conversem com eles sobre quem foi Jesus e a experiência que tiveram com ele em suas vidas.

Para o catequizando com *deficiência visual*, apresentar a ilustração de Jesus adaptada em alto-relevo, descrevendo-a detalhadamente.

22º encontro – A multiplicação dos pães

Em relação ao catequizando com *paralisia cerebral*, é importante que o catequista sente-o em um tapete e, no segundo momento de oração, entregue-lhe na mão o pão partilhado.

Orientar a família para que leia em casa a passagem do Evangelho sobre a multiplicação dos pães (Mt 6,34-44).

23º encontro – Perdão dos pecados

O catequista deve ilustrar o tema com o filme da Parábola do Filho Pródigo[4] e, depois, comentar de maneira objetiva sobre o que são parábolas, para que o catequizando com *autismo* ou

---

[3] Sugerimos o filme *História de Jesus*, produzido pela Paulinas/Comep.

[4] Sugerimos o filme *Parábolas de Jesus*, produzido pela Paulinas/Comep.

com *Transtorno de Asperger* compreenda que são ensinamentos de Jesus.

Em sua cadeira de rodas, o catequizando com *paralisia cerebral severa* deve colocar sua mão direita no ombro do colega.

Já o catequizando com *deficiência visual*, deve ser avisado a respeito da localização das cadeiras, arrumadas em pares, e conduzido até elas.

Por fim, orientar a família para que, em casa, comente sobre a importância da confissão na vida do cristão.

24º ENCONTRO – JESUS CHAMA OS APÓSTOLOS

O catequista deve solicitar ao padre que converse com os catequizandos sobre sua missão na paróquia, e depois pode ilustrar as passagens bíblicas deste encontro utilizando *slides* no *Power Point*.

25º ENCONTRO – LEITURA ORANTE – VOCAÇÃO DE MATEUS

O catequista deve selecionar *slides* correspondentes à citação bíblica de Mt 9,9-13, para ser transmitidas no *Power Point*, e em seguida descrevê-las em detalhes para que os catequizandos com *deficiência visual* possam acompanhá-las.

Conversar com os catequizandos para que acolham os amigos, seja na rua, no prédio onde moram, na escola, principalmente aqueles que têm alguma deficiência.

26º AO 28º ENCONTRO

No Encontro n. 28, o catequista deve providenciar sementes, terra e copinhos descartáveis de café e convidar cada catequizando a plantar uma semente e cuidar dela. Aproveitar para explicar sobre a semente que caiu em terra boa e deu frutos, de acordo com a Parábola do Semeador, esclarecendo que a terra simboliza o coração deles e a semente, a Palavra de Deus. Lembrar que Jesus utilizava histórias e comparações como esta para as pessoas compreenderem sua mensagem.

Para o catequizando com *autismo* ou com *Transtorno de Asperger,* sugerimos o DVD *Parábolas de Jesus,*[5] pela dificuldade que tem de compreender o sentido figurado de palavras e comparações. O mesmo DVD também pode ser bem aproveitado pelo catequizando com *deficiência visual* caso haja uma descrição bem detalhada de cada cena, e das características de cada semente e das cores dos copinhos descartáveis, da terra etc.

29º ENCONTRO – JESUS ENSINA A REZAR O PAI-NOSSO

A proposta é que os catequizandos incluam, na parte da oração do Pai-Nosso: "seja feita a vossa vontade...", a situação que querem entregar a Deus, seja a realidade da escola, das suas famílias ou pessoal. Todos os catequizandos com deficiência podem ter boa participação na atividade, exceto os com autismo ou com Transtorno de Asperger, pois, caso ainda não estejam alfabetizados, mesmo podendo participar, talvez só façam garatujas[6] no papel. Apesar disso, o catequista deve incentivá-los a ler o que escreveram sobre a oração do Pai-Nosso.

Já para o catequizando com *deficiência auditiva,* se o catequista e quem preside a celebração não souberem libras, apresentarão a oração com imagens. Não será necessária adaptação específica para as demais deficiências.

Por fim, o catequista deve pedir às famílias, particularmente a do catequizando com deficiência que, em casa, convide a criança para rezarem juntos a oração do Pai-Nosso.

Entrega do Creio e do Pai-Nosso
Liturgia da Palavra com Homilia
Oração sobre as crianças

Quem preside a celebração deve observar com atenção a presença de cada catequizando com deficiência. Caso haja um catequizando cadeirante ou com paralisia cerebral, evitar o convite

---

[5] Produzido por Paulinas/Comep.

[6] As garatujas, popularmente chamadas de "rabiscos", correspondem às escritas primárias no início da alfabetização.

para o grupo ajoelhar-se. E, durante a oração, pedir a todos os catequizandos que coloquem a mão sobre o ombro de quem está ao lado. Em seguida, fazer a oração com as mãos estendidas sobre os candidatos e entregar a oração do Pai-Nosso, recomendada pelo RICA, nn. 188-189; 86; 191-192.[7]

31º encontro – Jesus celebra a Páscoa

Neste encontro, apenas o catequizando com *paralisia cerebral* necessita de adaptação específica. No caso de *paralisia cerebral severa*, deve ter os pés apenas umedecidos com uma toalha, para que se sinta mais confortável. Já no caso de *paralisa cerebral leve* e *moderada*, pode ter os pés lavados normalmente, mas, por falta de coordenação motora, não lavará os pés dos colegas.

34º encontro – Leitura orante: a Eucaristia

O catequista deve levar partículas sem consagrar para os catequizandos visualizarem e experimentarem o pão eucarístico.

35º encontro – O Espírito continua a missão de Cristo

O catequista deve apresentar a ilustração de uma pomba branca, que simboliza o Espírito Santo, em uma folha, cartolina ou *slide*. Para o catequizando com *deficiência visual*, a imagem precisa ser descrita em detalhes.

36º encontro – A Igreja, Corpo de Cristo

O catequista deve levar pães para este encontro e permitir que os catequizandos os observem de perto; o catequizando com *deficiência visual* pode segurá-los na mão. Explicar os ingredientes que estão presentes na fabricação deles e dispor de alguns pães para partilhar no final do encontro.

---

[7] NÚCLEO DE CATEQUESE PAULINAS. *Iniciação à vida cristã*. Eucaristia: livro do catequista. 8. ed. São Paulo: Paulinas, 2013. p. 206. (Coleção Água e Espírito).

43º ENCONTRO – O SACRAMENTO DA PENITÊNCIA

O catequista deve projetar o filme sobre a Parábola do Filho Pródigo, seguindo os cuidados necessários para os catequizandos com deficiência visual ou auditiva.

Celebração do perdão – Deus nos procura

Todos os catequizandos com deficiência se confessarão como os demais colegas, e a família deve orientá-los sobre isso. Em alguns casos, a confissão seguirá algumas adaptações. Por exemplo, o catequizando com *deficiência auditiva* necessita de fichas contendo palavras referentes ao pecado, como, por exemplo, brigar, desobedecer etc. E caso o padre não saiba Libras, basta que o penitente escreva seus pecados em um papel e entregue a ele, que pode escrever como resposta orientações de sua conduta e também sobre a penitência a ser dada. Há ainda possibilidade de o catequista confeccionar fichas para a confissão, com base nos dez mandamentos.[8]

Para o catequizando com *paralisia cerebral leve* e *moderada,* a confissão acontecerá como para os demais catequizandos. Já para o catequizando *com paralisia cerebral severa,* o padre deve desenvolver uma técnica simples de comunicação, de perguntar e o catequizando confirmar ou negar o que foi perguntado. Desta forma, poderá receber a absolvição normalmente.

---

[8] SANTOS, Thaís Rufatto dos. *Catequese inclusiva,* p. 68.

Bibliografia

BÍBLIA SAGRADA. 28. ed. São Paulo: Ave-Maria, 2000.

BRASIL, MEC. *Atendimento educacional especializado*: pessoas com surdez. Brasília: MEC/SEESP/SEED, 2007.

BRASIL, MEC. *Saberes e práticas da inclusão*: desenvolvendo competências para o atendimento às necessidades educacionais especiais de alunos surdos. Brasília: MEC/SEESP, 2005.

BRASÍLIA. *Plano Nacional dos Direitos da Pessoa com Deficiência: Plano Viver sem Limite.* Decreto n. 7.612, de 17 de novembro de 2011.

CAETANO, Luciana Maria; YAEGASHI, Solange; FRANCI, Raimundo (Org.). *Relação escola e família*. São Paulo: Paulinas, 2014. (Coleção Psicologia, Família e Escola).

CAMARGO JR., Walter (Coord.). *Transtornos invasivos do desenvolvimento*: 3º Milênio. Brasília: Presidência da República, Secretaria Especial dos Direitos Humanos, Coordenadoria Nacional para Integração da Pessoa Portadora de Deficiência, 2005.

CARVALHO, O. et. al. Curso de Formação Específica de Capacitação para Guarda Civil Metropolitano – 3ª Classe. *Língua Brasileira de Sinais.* São Paulo, 2014.

CATECISMO DA IGREJA CATÓLICA. São Paulo: Loyola, 2000. Edição típica vaticana.

CNBB. REGIONAL SUL 2. *Pastoral dos Surdos rompe desafios e abraça os sinais do Reino na Igreja do Brasil.* São Paulo: Paulinas, 2006.

CONFERÊNCIA NACIONAL DOS BISPOS DO BRASIL. *Diretório Nacional de Catequese.* São Paulo: Paulinas 2006. (Documentos da CNBB 84).

CONFERÊNCIA NACIONAL DOS BISPOS DO BRASIL. *Manual: Campanha da Fraternidade 2006. Fraternidade e Pessoa com Deficiência*. São Paulo: Salesiana, 2005.

COORDENAÇÃO GERAL SEESP/MEC. *Saberes e práticas da inclusão desenvolvendo as competências para o atendimento às necessidades educacionais especiais de alunos surdos.* 2. ed. Brasília: MEC – Secretaria de Educação Especial, 2006.

FERRARI, Pierre. *Autismo infantil*: o que é e como tratar. São Paulo: Paulinas, 2012.

FRANCISCO I. *Palavras do Papa Francisco no Brasil*. São Paulo: Paulinas, 2013.

JOÃO PAULO II. Exortação apostólica *Catequese hoje*. São Paulo: Paulinas, 1980.

MARCOVITCH, S. *Hyperlexia child assessment*. Paper presented to the Meeting for the Support and Information. Canadian Hyperlexia Association CHA, November 9, 1997.

MINIDICIONÁRIO HOUAISS. *Dicionário da Língua Portuguesa*. 4. ed. Rio de Janeiro, 2012.

NÚCLEO DE CATEQUESE PAULINAS (NUCAP). *Iniciação à vida cristã. Eucaristia*: livro da família. 8. ed. São Paulo: Paulinas, 2013. (Coleção Água e Espírito).

NÚCLEO DE CATEQUESE PAULINAS (NUCAP). *Iniciação à vida cristã. Eucaristia*: livro do catequista. 8. ed. São Paulo: Paulinas, 2013. (Coleção Água e Espírito).

NÚCLEO DE CATEQUESE PAULINAS (NUCAP). *Iniciação à vida cristã. Eucaristia:* livro do catequizando. 8. ed. São Paulo: Paulinas, 2013. (Coleção Água e Espírito).

NÚCLEO DE CATEQUESE PAULINAS (NUCAP). *Mistagogia*: do visível ao invisível. 1. ed. São Paulo: Paulinas, 2013. (Coleção Pastoral Litúrgica).

QUIXABA, Oliveira Maria Nilza. *A inclusão na educação*: humanizar para educar melhor. São Paulo: Paulinas, 2015.

SANS FITÓ, Anna. *Por que é tão difícil aprender?* São Paulo: Paulinas, 2012.

SANTOS, Thaís R. dos. *Catequese inclusiva*: da acolhida na comunidade à vivência da fé. São Paulo: Paulinas, 2013.

SILVA, Luzia Guacira dos Santos. *Educação inclusiva*: práticas pedagógicas para uma escola sem exclusões. São Paulo: Paulinas, 2014.

SURIAN, Luca. *Autismo*: informações essenciais para familiares, educadores e profissionais da saúde. São Paulo: Paulinas, 2010.
YOUCAT BRASIL. *Catecismo jovem da Igreja Católica*. 1. ed. São Paulo: Paulus, 2011.

Artigos

ADVANCING THE ART & SCIENCE OF MEDICINE IN THE MIDWEST VMJ, v. 114, n. 4, p. 158, August 2015.
AUTISMO. *Ler & Saber*, ano 2, n. 3, p. 10-11; 29-30, 2015. Edição especial.
BISSOTO, M. L. O desenvolvimento cognitivo e o processo de aprendizagem do portador de Síndrome de Down: revendo concepções e perspectivas educacionais. *Ciências & Cognição*, ano 2, v. 04, p. 80-88, mar. 2005.
EDUCAÇÃO INCLUSIVA. *Mundo da Inclusão*, ano 5, n. 45, p. 9-28, ago. 2015.
GRANDES PENSADORES: a história do pensamento pedagógico no Ocidente pela obra de seus maiores expoentes. Maria Montessori: a médica que valorizou o aluno. *Nova Escola*, São Paulo: Fundação Victor Civita, ano XXI, edição especial n. 11, p. 31 a 33, out. 2006.
NEUROEDUCAÇÃO, São Paulo: Segmento/Instituto Ayrton Senna, n. 4, p. 10, 2015.

Fontes eletrônicas

http://www.deficienteonline.com.br/lei-8213-91-lei-de-cotas-para-deficientes-e-pessoas-com-deficiencia-77.html. Acesso em: 18/04/2018.
http://portal.mec.gov.br/seesp/arquivos/txt/fundamentacaofilosofica.txt. Acesso em: 30/10/13.
http://www.planalto.gov.br/ccivil_03/leis/l9394.htm. Acesso em: 30/03/2014.
http://www.libras.org.br/libras.php. Acesso em: 19/09/2012.
http://portal.mec.gov.br/cne/arquivos/pdf/CEB0201.pdf. Acesso em: 0707/2014.
http://revistaescola.abril.com.br/formacao/inclusao-autistas-direito-agora-lei-732658.shtml. Acesso em: 26/06/2014.

http://revistaescola.abril.com.br/formacao/paralisia-cerebral-deficiencia-intelectual-624814.shtml. Acesso em: 09/07/2014.

http://revistaescola.abril.com.br/formacao/sindrome-asperger-625099.shtml. Acesso em: 25/06/2014.

http://revistaescola.abril.com.br/gestao-escolar/cinco-perguntas-dislexia-688413.shtml?utm_source=redesabril_fvc&utm_medium=facebook&utm_campaign=redesabril_novaescola. Acesso em: 12/05/2014.

http://www.tdah.org.br/br/sobre-tdah/o-que-e-o-tdah.html. Acesso em: 07/01/2014.

http://desligadohiperativo.blogspot.com.br/2010/04/breve-historia-do-tdah.html. Acesso em: 01/04/2014.

http://revistaescola.abril.com.br/gestao-escolar/cinco-perguntas-dislexia-688413.shtml?utm_source=redesabril_fvc&utm_medium=facebook&utm_campaign=redesabril_novaescola. Acesso em: 12/05/2014.

http://www.aticaeducacional.com.br/htdocs/pcn/pcns.aspx?cod=54. Acesso em: 1/04/14.

http://www.infoescola.com/educacao/teoria-cognitiva/. Acesso em: 15/12/13.

http://pt.wikipedia.org/wiki/J%C3%A9r%C3%B4me_Lejeune. Acesso em: 26/10/13.

http://www.feneis.org.br/page/libras_nacional.asp. Acesso em: 03/09/14.

http://www.abrete.org.br. Acesso em: 30/09/14.

http://psicopedagogia-curativa.blogspot.com.br/2008/03/hipoterapia.html. Acesso em: 15/09/15.

http://www.tuasaude.com/sindrome-de-savant/. Acesso em: 08/09/15.

http://super.abril.com.br/ciencia/os-maiores-cerebros-do-mundo. Acesso em: 08/09/15.

http://www.vatican.va/roman_curia/congregations/cclergy/documents/rc_con_ccatheduc_doc_17041998_directory-for-catechesis_po.html. Acesso em: 16/09/15.

http://www.vatican.va/archive/cod-iuris-canonici/portuguese/codex-iuris-canonici_po.pdf. Acesso em: 16/09/15.

http://www.tuasaude.com/sindrome-de-savant. Acesso em: 22/09/2015.

https://www.wisconsinmedicalsociety.org/publications/archives/medigram-archives/2015-archive/medigram-august-13-2015/wmj-new-registry-identifies-more-than--300-savants-worldwide/. Acesso em: 29/09/15.

https://cidaautismo.wordpress.com/hiperlexia/. Acesso em: 29/09/15.

http://revistaescola.abril.com.br/formacao/deficiencia-visual--inclusao-636416.shtml. Acesso em: 9/11/15.

http://revistaescola.abril.com.br/formacao/deficiencia-visual--inclusao-636416.shtml. Acesso em: 09/11/15.

http://www.familiacrista.com/noticias/familia/2055-o-mundo--dos-sobredotados.php. Acesso em: 19/11/15.

http://educacaointegral.org.br/noticias/autismo-escola-os-desafios-necessidade-da-inclusao/. Acesso em: 20/12/15.

http://www.planalto.gov.br/ccivil_03/constituicao/ConstituicaoCompilado.htm. Acesso em: 23/12/15.

http://www.planalto.ogv.br/ccivil_03/_ato2007-2010/2009/decretod6949htm. Acesso em: 23/12/15.

http://www.fundacaodorina.org.br. Acesso em: 01/12/15.

http://www.minhavida.com.br/saude/temas/sindrome-de-williams. Acesso em: 31/01/16.

https://novaescola.org.br/conteudo/1914/o-que-e-a-sindrome--de-williams. Acesso em: 31/01/16.

http://www.infoescola.com/biografias/vigotski/. Acesso em: 18/07/16.

https://pt.wikipedia.org/wiki/Carl_Rogers. Acesso em: 30/07/16.

http://www.psiqweb.med.br/. Acesso em: 30/07/16.

<http://www.civiam.com.br>. Acesso em: 10/04/2017.

https://www.tuasaude.com/autismo-infantil/. Acesso em: 29/11/17.

Rua Dona Inácia Uchoa, 62
04110-020 – São Paulo – SP (Brasil)
Tel.: (11) 2125-3500
http://www.paulinas.com.br – editora@paulinas.com.br
Telemarketing e SAC: 0800-7010081